KB142730

미술로
키워라

미술로 키워라

ⓒ 이동영, 2017, 대한민국

2017년 9월 1일 1판 1쇄 펴냄
2024년 7월 25일 1판 12쇄 펴냄

지은이 이동영
펴낸이 권기호
펴낸곳 공존
출판 등록 2006년 11월 27일(제313-2006-249호)
주소 (04157)서울시 마포구 마포대로 63-8 삼창빌딩 1403호
전화 02-702-7025, 팩스 02-702-7035
이메일 info@gongjon.com, 홈페이지 www.gongjon.com

ISBN 979-11-955265-6-7 03370

아이의 마음과 창의력을 키워주는 심리미술의 힘

미술로 키워라

이동영

공존

미술은 모든 교육의 기초다.

어려서부터 미술 교육을 받은 아이는 생각하는 법을 안다.

요한 하인리히 페스탈로치 (스위스 교육가)

모든 어린이에게는 창의적인 잠재력이 있다.

미술은 이것을 계발하기 위한 매개체이다.

빅터 로웬펠드 (미국 교육심리학자)

미술을 왜 하는가?

"도대체 미술은 왜 하는 것일까?"

나는 이 질문을 스스로에게 수십 번 되물어 보았다. 나는 왜 미술 교육을 하는가? 혹시 배운 게 도둑질이라고, 내가 공부하고 좋아하는 게 미술이고 지금 먹고 사는 게 미술 교육 업이라서 이 일을 하는 것은 아닌가?

또 아이들은 미술을 왜 해야 하는가? 아이들이 다 자라서 미술 관련 직업을 가질 것도 아니고 미술을 꼭 잘해야만 먹고 살 수 있는 것도 아니다. 재미있으니까? 재미있는 걸로 치자면, 미술 말고도 재미있고 즐거운 일은 많다.

미술 선생님 입장에서는, 만약 미술 할 시간에 영어를 하는 것이 아이들에게 더 좋은 일이라면 아까운 시간을 빼앗아 미술을 하도록 하는 게 아이들에게 미안한 일이지 않겠는가?

엄마들 입장에서도 그렇다. 그냥 단순히 남들이 다 시키니까 아이가 하도록 하는 것은 시간 낭비, 돈 낭비일 수 있다. 무엇을 한다는 것은 다른 어떤 것을 할 시간과 기회를 잃는다는 것을 의미한다. 그러니 아이들의 인생에서 시간 낭비는 그 이상의 손실이다.

지금부터 차근차근 미술을 왜 해야 하는지 알아보자. 행복하고 가치 있는 삶을 사는 데 그림 잘 그리는 것이 꼭 필요하지는 않다. 미술은 단순히 그림을 잘 그리기 위해 배워야 하는 것이 아니다. 미술이 아니고서는 아이들이 얻을 수 없는 것들이 있기 때문에, 아이들이 행복하고 건강하게 발달하는 데 미술이 가장 좋은 도구이기 때문에 미술을 하는 것이다.

이 책이 아이들의 인생에서 아주 중요한 미술이라는 멋진 도구를 잘 사용하는 법을 배우는 첫 걸음이 되길 바란다.

2017년 7월

이동영

차례

1부 아이들에게 왜 미술이 필요한가?

2부 아동 미술 교육, 무엇이 문제인가?

3부 아이의 정서 발달에 맞는 미술 교육

4부 아동 미술에 왜 심리가 필요한가?

5부 마음을 키워주는 심리미술

미술 교육을 함께 고민하며

엄마들께 드리는 글

"미술, 꼭 해야 하나요?"

대한민국 엄마라면 한 번씩은 해 본 고민이지요? 아이가 미술을 좋아하면 좋아하는 대로, 미술을 싫어하거나 못하면 못하는 대로, 미술 학원에 보내야 하나 고민을 하게 마련입니다. 대부분의 아이들이 짧든 길든 일생에 한 번은 미술 사교육을 받는 것 같습니다. 학원에 다니든, 집으로 방문하는 선생님과 함께하든, 아니면 유치원이나 초등학교 방과 후 미술 활동을 통해서든, 어떤 형태로든 말입니다.

만약에 아이가 미술을 좋아한다면, 엄마의 입장에서는 아이가 좋아하는 것이니까 돈을 들여서라도 해 주고 싶습니다. 또 내 아이가 다른 아이보다 미술 실력이 부족하거나 뒤떨어질지 모른다는 생각이 들면 불안해서라도 미술 공부를 시키게 마련입니다.

문제는 도대체 언제 시작해야 할지, 어디서 시켜야 할지, 그리고 얼마나 시켜야 할지 막막하다는 것이죠. 그리고 솔직히, 미술을 왜 꼭 해야 하는지도 잘 모르겠다고 합니다. 그림을 전혀 못 그리는 엄마, 아빠도 사실 별 문제없이 인생을 살아 왔고 아이가 딱히 미술을 전공할 것 같지도 않다면 더욱더 그런 생각이 듭니다. 남들 한다고 다 따라하는 것도 웃기는 일이지만, 그렇다고 안 시키자니 찜찜한 것도 사실입니다. 유치원이나 초등학교에 가면 그림 그릴 기회가 많을 텐데, 그 시간에 아이가 괜히 주눅 들지 않을까 걱정도 됩니다.

아무튼 미술을 시키더라도 뭔가 좀 속 시원히 알고 시키고 싶으시지요? 미술을 왜 시켜야 하는지, 언제부터 얼마나 시키면 좋은지, 어떤 기관에서 어떻게 시켜야 하는지, 좋은 미술 교육 기관은 어떻게 골라야 할지, 엄마들이 주의할 점은 무엇인지 등등.

저는 지금까지 25년 동안 줄곧 아동 미술 교육 분야에 있었습니다. 대학에서 그리고 대학원 석·박사 학위 과정에서 이론을 공부하기도 했고, 또 실제 미술 사교육 현장에서 선생님들과 아이들 그리고 엄마들과 오랫동안 함께하기도 했습니다.

이제는 훌쩍 커 버린 두 아이의 엄마이면서, 전문가의 식견과 노하우를 쌓은 미술 교육자로서 드리는 제 글이 좌충우돌 부모 노릇에 도움이 되기를 바랍니다. 특히 미술 교육에 대한 고민과 문제를 속

시원하게 풀어 드리는 답이 되기를 소망합니다. 미술로 행복한 아이를 키우는 엄마 되세요!

미술 선생님들께 드리는 글

대학교 1학년 때부터 시작한 미술 선생님 노릇이 지금까지 어느덧 25년이 됐습니다.

처음에는 아르바이트 대학생 미술 과외 선생님으로 아이들을 만났습니다. 대학을 졸업한 이후에는 작업실을 겸한 작은 미술 교습소를 해 보기도 했고, 제 집으로 아이들이 와서 미술 수업을 하는 홈스쿨을 해 보기도 했습니다. 정원이 다 차서 대기 중인 아이들이 있는 큰 미술 학원을 운영해 본 적도 있고 미술 치료실을 겸한 미술 학원을 해 보기도 했습니다. 석사 과정과 박사 과정을 밟은 후 미술 치료 센터 소장으로 일을 할 때에도, 대학 강단에서 아동 미술 교육 전공 학생들을 오랫동안 가르칠 때에도 제 관심은 오로지 '어떻게 하면 아동 미술 교육을 올바르게 잘할까?'였습니다.

지금의 저는 글로벌 미술 교육 브랜드 아트앤하트를 경영하면서, 동시에 미술 교육 콘텐츠를 개발하고 미술 선생님들을 가르치는 일을 하고 있습니다. 그동안 저의 강의를 들은 미술 선생님들이 2,000명은 넘는 것 같습니다. 제가 만난 미술 선생님들은 대부분 미술에 대한 열정과 아동 미술 교육에 대한 순수한 의지가 있었습니다. 자신은 좀 힘들더라도 가능하면 더 좋은 것을 아이들에게 주고 싶어 했고, 아이들이 멋지게 해낼 때면 아이들보다 더 상기된 얼굴로 기뻐하는 분들이었습니다.

하지만 동시에 고민도 많은 분들이었습니다. 아동 미술 교육을 어떻게 해야 할지, 수업 중에 일어나는 수많은 상황들에 어떻게 대처해야 할지, 자신이 하는 방식이 올바른 방식인지 등등 혼자서는 다 풀 수 없는 숙제들을 가지고 있었습니다.

긴 시간 동안 강의에서 늘어놓았던 내용들을 이제 글로 정리해보고자 이 책을 썼습니다. 이 책을 통해서 가급적 많은 미술 선생님들이 아이들과 함께 진정으로 '아트' 하는 기쁨을 누릴 수 있기를, 그리하여 제가 세상에서 가장 축복 받은 직업 중 하나라고 굳게 믿고 있는 이 '미술 선생님'이라는 직업을 더 멋지게 해낼 수 있기를 소망합니다.

1부

아이들에게
왜 미술이 필요한가?

1장

변화에 유연하게 대처하는
미래형 인재로 키운다

나는 1980년대에 초등학교를 다녔다. 그때만 해도 골목마다 아이들이 몰려다니면서 신나게 놀던 시절이었고, 공부하는 아이보다는 노는 아이가 더 많았다. 지방 소도시였기 때문에 더욱 당연하게도 사교육 같은 건 거의 없었다. 그럼에도 불구하고 아이들이 학원을 다녔다면 무슨 학원에 갔을까?

당시 아버지 월급에 비해 적지 않은 금액의 학원비를 내면서 아이들이 많이 다닌 학원은 바로 '주산 암산 학원'이었다. 왜 그랬을까? 왜 엄마들은 아이들에게 주산 암산을 배우게 했을까?

이유는 간단하다. 우리 아버지 시대에는 주산 암산을 잘하는 사람이 인재였다. 계산기가 보급되지 않았던 시절, 주산 암산을 잘하는 사람은 취직이 잘 됐다. 생각해 보라. 그때는 지금 우리가 일상적으로 쓰는 전자계산기가 없었고 주로 주판을 사용했다. 그런데 직원이 주판을 다룰 줄 모르면 얼마나 불편했겠는가?

나 역시 초등학교 3학년 때 주산 학원을 잠시 다녔다. 놀고 싶은데 억지로 주산 암산을 하러 가면서 친구들과 나는 이렇게 투덜대곤 했다.

"야, 이런 거 배워 봤자 나중에 다 필요 없을걸? 나중에는 계산도 저절로 막 할 수 있는 기계가 나올 거 아이가?"

친구들이나 내가 특별한 초능력이 있어서 미래를 점친 것은 아니다. 그 정도 상상력은 어느 초등학생이나 가지고 있었으니까. 계산기뿐만이 아니다. 저절로 움직이는 계단이나 길, 무인 운전 자동차, 주머니에 넣고 다니는 척척 박사(스마트 폰) 등 지금 우리가 누리고 있는 것들을 누구나 상상했었다. 불과 30년 만에 다 이루어진 것이다.

초등학생도 미루어 짐작할 수 있는 미래였는데 엄마들은 보지 못했다. 우리는 1980년대에 인재였어야 하는 것이 아니라 2000년도, 2010년도에 인재여야 하는데 엄마들은 우리를 1980년대 기준에 맞춰서 교육시킨 것이다. 돈 낭비, 시간 낭비 한 것이다.

이 이야기는 아직도 현재 진행 중이다. 2015, 2016년 현재 대한민국의 초등학생들이 1순위로 하고 있는 사교육은 무엇인가? 말할 것도 없이 영어다. 아이들이 죽어라 스트레스 받아 가며 영어를 공부하고 있다. 그런데 엄마들은 왜 영어를 시키는가? 30년 전 엄마들과 똑같다. 지금은 글로벌 어쩌구 하면서 영어를 해야만 대학도 잘 가고 취업도 잘된다고 생각하기 때문이다. 자, 그러면 30년 전에 초등학생이었던 내가 투덜댔던 것처럼, 지금 영어 학원을 다니는 아이들은 뭐라고 투덜댈 것 같은가? 30년 후에는 무엇이 발명되어, 아이들이 지금 견디고 있는 이 영어 고생이 헛고생이 되게 만들어 버릴 것인가? 누구나 어렵지 않게 이 질문에 대답할 수 있다. 맞다. 바로 휴대 가능한 통번역 장치이다. 아직은 비록 그 품질이 낮지만 적어도 아이들이 커서 인재로 활동할 시기인 30년 후쯤이면 분명 충분한 품질로 개발될 것이다. 게다가 중국어도, 러시아어도 아닌 그 흔한 영어가 제일 먼저 자동으로 통번역되지 않을 리 없다.

최근에 우리나라 대기업과 중소기업의 인력 채용 담당자들을 대상으로 조사한 내용을 한번 살펴보자.

2015년 3월 6일 자《서울경제》에 따르면, 삼성 그룹은 아예 입사 지원서에 출신 대학과 지역, 가족 등 직무와 관련 없는 사항은 기재하지 않도록 하고 있다. 또한 지원하는 계열사와 직군별로 요구하는 전공 학점(3학점 이상)과 공인 어학 성적만 충족하면 된다. 기본적인 학점과 어학 성적만 충족하면 그 외의 것은 특별히 우선 채용 기준이 되지 않는다는 뜻이다.

LG 그룹 역시 2014년 하반기부터 특정 직군을 제외하고는 사진, 외국어 점수, 자격증, 가족 관계 입력란을 없앴다고 했다. 포스코도 스펙에 의존하는 인력 채용 방식을 점점 줄이는 대표적인 대기업이다. 학점과 어학 점수는 커트라인만 넘으면 된다. 성적이 월등히 좋다고 특별히 우대하지 않는다.

금융권도 '스펙 없애기' 대열에 합류하고 있다. 우리은행은 2014년 채용부터 금융 자격증과 외국어 성적 기입란을 없앴다. 대신 헌혈 횟수 등을 기입하도록 해 봉사 정신 등을 채용의 주요 기준으로 삼았다. 국민은행, 산업은행, 수출입은행 역시 마찬가지다.

요약해 보면, 거의 모든 대기업들이 '탈 스펙화' 바람에 동참하고 있다. 이제는 출신 학교, 학점, 어학 성적 등 이른바 스펙에 속지 않겠다는 의도이다. 이러한 변화는 대기업들이 어느 날 갑자기 정책을 바꿔서 생겨난 것이 아니다. 우리가 사는 이 세상 전체가 큰 흐름으로 변하고 있고 기업이 살아남기 위해서는 그 흐름에 맞는 인재가 필요해서 채용 기준을 바꾸고 있을 뿐이다.

앨빈 토플러, 리처드 왓슨과 함께 세계 3대 미래학자라고 불리는 다니엘 핑크(Daniel H. Pink)의 저서 『새로운 미래가 온다(*A Whole New Mind*)』(2006)를 보자. 그의 책에서는 미래에 필요한 두 가지 역량으로 '하이 콘셉트(high concept)'와 '하이 터치(high touch)' 개념이 나온다.

'하이 콘셉트'는 서로 무관해 보이는 아이디어를 결합해 남들이 생각하지 못한 새로운 아이디어를 만드는 역량, 경향과 기회를 파악하는 능력 등을 종합적으로 지칭하는 개념이다. 미래학자 다니엘 핑크는 그의 저서 『새로운 미래가 온다』에서 창조적·독창적·예술적 콘텐츠에 바탕을 둔 패러다임인 '하이 콘셉트'가 이 시대를 대표하는 소비 가치의 기준이라고 주장했다.

특히 제품 혁신을 통한 비용 절감 및 고객 가치의 제고를 통한 차별화 전략이 최근 한세에 직면하면서 '하이 콘셉트'의 중요성이 더욱 부각되고 있으며, 이의 성공적인 구현을 위해서는 인간의 섬세한 감정을 파악해 공감을 이끌어내는 '하이 터치'가 중요하다고 역설했다.

네이버 지식백과, 하이 콘셉트(시사상식사전, 박문각)

세상이 변화하는 속도가 멀미가 날 정도로 빨라지고 있기 때문에 이 변화하는 속도에 유연하게 대처하는 사람이 인재일 수밖에 없다. 또한 새로운 것을 창조해 내는, 그것도 아름다운 새것을 창조해 낼 수 있는 사람이 인재일 수밖에 없다. 그래서 아이들에게 미술이 필요하다. 미술은 유연하고 창의적인 사고를 통해 새롭고 아름다운 것을 창조하는 것이 본질이기 때문에 '하이 콘셉트'와 '하이 터치' 능력을 기르는 데 가장 적합한 경험과 교육을 제공한다.

아이들의 교육을 고민하는 부모나 교사라면 세상이 어떻게 변하고 있는지 알아야 한다. 그래야 30년 전 우리 부모들처럼 황당한 실수를 하지 않는다. 또한 그래야 마음의 능력을 먼저 충분히 키워야 하는 대여섯 살 아이들에게 영어나 스펙 쌓기를 당장 시작하지 않으면 어떻게 될 것처럼 불안감을 조성하는 일부 사교육 시장에 휘둘리지도 않는다.

무엇보다 아이들 때문에 우리는 정신 차려야 한다. 이제는 점점 더 쓸모없어지고 있는 성적, 학벌, 단순 어학 능력 등에 아이들이 무리하게 시달리고 지나친 스트레스를 받고 있지 않은지 예의 주시해야 한다. 아이들이 행복하게 잘 자라서 정말 세상에 필요한 인재가 되려면 어른들이 무엇을 해 주어야 하는지 혹은 하지 말아야 하는지 제대로 알아야 한다. 아이들은 우리의 미래니까.

2장

일률적인 정답을
강요하지 않는다

몇 년 전의 일이다. 당시 조카가 다니던 학교에서 공개 수업이 진행됐다. 선생님이 아이들에게 질문을 던졌다.

"여러분~, 비가 오는 소리는 어떤 소리일까요?"

조카는 냉큼 손을 들고 이렇게 대답했다.

"쏴~쏴~요."

그러자 선생님은 큰 소리로 이렇게 말했다.

"그건 변기 물 내리는 소리지!"

아이들은 크크크, 웃었고 여자 아이 하나가 다시 대답했다.

"주룩주룩이요."

그제야 선생님은 만족스러운 표정으로 이렇게 말했다.

"네! 정답이에요!"

조카는 그날 집에 오는 길 내내 억울한 표정이었다. 그 전날 심하게 내린 빗소리가 그 아이에게는 분명 "쏴~쏴~"로 들린 것이다.

아이들이 초등학교에 입학하면 그때부터 초등학교 6년, 중학교 3년, 고등학교 3년, 총 12년을 성적으로 평가받는 이른바 '입시 경쟁 체제'로 들어간다.

입시 경쟁 체제란 다름 아니라 시험을 치고 성적을 매겨서 그 성적 순서대로 줄을 세우는 것이다. 이 시험에는 답이 있다. 그것도 정답. 시험을 보면 정답을 맞혀야 한다. 그 정답은 선생님이 이미 수업 시간에 거의 다 알려준 것들이다. 아이들은 그것을 잘 기억하고 있다가 시험에서 문제로 나오면 다시 꺼내서 맞히면 된다!

저 선생님이 낸 시험에서는 비가 오는 소리를 '주룩주룩'이라고 해야 정답이 된다. 그런데 정말 비가 오는 소리는 주룩주룩인가? 비가 오는 소리를 주룩주룩이라고 답하는, 그래서 좋은 성적을 받은 아이는 인재가 될 것인가?

이미 우리가 알고 있다시피 지식 사회는 급격히 그 막을 내리고 있다. 우리 아버지 세대 이전부터 우리 세대까지 이어온 '머리에 지식이 많이 든 사람'이 인재인 시대가 막을 내리고 있는 것이다.

스마트 폰을 비롯한 각종 IT 기술의 발달로 지식은 누구나 소유할 수 있는 공공재가 되었고 초등학생이 들고 다니는 손바닥만 한 스마트 폰 하나에 70세 노교수가 평생 쌓아온 분량보다 더 많은 지식이 들어 있다. 지식은 이제 누구나 컴퓨터에서, 도서관에서, 스마트 폰에서 찾아내면 된다.

그러니 이제는 단순히 비가 오는 소리를 누구나 다 아는 '주룩주
룩'이라고 표현하는 것은 별로 의미가 없다. 비가 오는 소리를 나만
의 독특하고도 멋진 방식으로 표현힐 수 있는 사람이 되어야 한다.

불행하게도 우리 아이들이 던져지는 입시 위주의 공교육 12년은
한 가지 정답을 강요하는 시험 시스템이다. 이른바 정답 신봉자를 양
성해 낸다. 정답을 많이 맞힐수록 인정받고 사랑받고 모든 것이 용서
되는 학교에서 교육 받는 아이들은 점점 더 머리가 굳어진다.

정답대로 살지 않으면 인생의 낙오자가 될 것 같은 불안에 시달
리며 남들 다 하는 대로 입시 학원을 다니고, 대학을 가고, 대기업 취
업과 고시 준비 사이에서 고민한다. 남들 다 가는 길을 따라가지 못
하면 실패자가 되었다고 착각하고, 그 길에 다시 서지 못할 것 같으
면 인생을 무가치하게 여긴다.

어릴 때부터 최소한 무려 12년 동안이나 정답을 맞혀야 하는 체
제에 길들여지는 아이들이 어른이 되어 어떻게 갑자기 독창적 사고
를 할 수 있고 변화하는 시대의 속도에 맞는 인재가 될 수 있겠는가?

나는 아이들이 적어도 학교에 들어가기 전에, 적어도 초등학교
저학년 때에는 반드시 3년 이상 바른 미술 교육을 받아야 한다고 강
력하게 주장한다. 정답 신봉 체제에 들어가기 전에 미술이라는 예방
주사를 맞아야 한다.

미술에는 단 하나의 정답이 존재하지 않는다. 그림을 크게 그리

는 것도, 작게 그리는 것도 정답이 아니다. 그림이 엄청나게 크게 그려져서 감동을 주는 작품이 있는가 하면, 작은 쌀알에 그려진 훌륭한 작품도 있다.

엄마의 얼굴을 파랑색으로 칠하든 빨강색으로 칠하든 작가의 의도만 살아 있으면 아무 문제가 되지 않는다. 빨강색으로 칠해서 정말 화가 난 엄마의 얼굴을 표현할 수도 있고, 파랑색으로 칠해서 겁에 질린 엄마의 얼굴을 표현할 수도 있다.

미술 학원에서는 대체로 아이들이 그림을 크게 그리거나 세밀하게 그리면 칭찬한다. 또는 색칠을 꼼꼼하게 하거나 예쁘게 그리면 칭찬한다. 그러나 이는 사실 올바른 미술 교육이 아니다. 대상을 세밀하게 그려서 감동을 주는 작품도 있고, 대상의 형태를 대범하게 생략하고 간략하게 그려서 감동을 주는 작품도 있다.

미술에 정답이 없다는 사실은, '예체능'이라는 단어로 비슷하게 분류되는 음악이나 체육과의 차이점에서도 드러난다. 음악을 보면, 전 세계적으로 뛰어난 프로페셔널들이 모여서 겨루는 콩쿠르가 있다. 체육도 마찬가지다. 전 세계에서 체육을 가장 잘하는 사람들이 모여서 올림픽, 월드컵 같은 경기로 서로 겨룬다. 대회에서 서로 우열을 가리고 1, 2등을 결정한다.

등수가 있다는 것은 정답이 있다는 것이다. 반면 미술은 전 세계 최고의 프로들이 모여서 1, 2등을 가리는 대회가 없다. 세계 최고의 미술 행사 중 하나인 유명 비엔날레에서도 1, 2등을 가리지는 않는다. 사람을 고갱처럼 표현해도 정답이요, 르누아르처럼 표현해도 정답이다. 반 고흐와 피카소 중 누가 1등 화가인지 가리는 것은 말이 안 된다.

미술은 아이들이 하는 활동 중 거의 유일하게, 선생님과 똑같이 해야 인정받는 것이 아니라 선생님과 다르게 해야 인정받는 활동이다. 미술에는 좋아하고 싫어하는 호불호는 있지만 '맞다, 틀렸다'가 없다. 이같이 정답이 없다는 미술만의 고유한 특징 때문에 바른 미술 교육을 받으면 아이들은 누구나 자신만의 독창적인 콘텐츠를 만드는 습관을 기를 수 있다.

그리고 이와 같은 습관이 세상을 보는 유연한 시각을 길러 주고, 어려움이 닥쳤을 때 좌절하지 않고 다른 시각으로 문제를 해결할 수 있는 능력도 길러 준다. 또한 나와 '다른(different)' 사람을 '틀렸다(wrong)'고 단정 짓는 바람에 생겨나는 분노와 갈등으로부터 벗어나게 해 준다.

현대의 심리 치료 입장에서 보아도, 우울증이나 마음의 갈등은 주로 '해야 한다(must) 사고' 때문에 생긴다. 내 아이가 공부를 반드시 잘해야 하고, 남자는 반드시 돈을 잘 벌어야 하고, 집은 반드시 30평 이상이어야 한다. 끝없는 '해야 한다 사고' 때문에 사람들은 우울하고 불행해진다.

나는 미술 교육의 진정한 가치는 그림을 잘 그리게 하는 데 있다고 보지 않는다. 그림을 못 그려도 행복하고 사회에 기여하는 사람으로 살아가는 데 아무 지장이 없다.

그런데 앞으로는 창의적 문제 해결력이 떨어지고 세상을 보는 눈이 유연하지 못하고 자신만의 컨텐츠를 만들어 내지 못하면 살아가기 어려운 세상이 온다. 아니, 이미 왔다. 오늘 당장 미술을 하자. 점점 세상이 다르게 보일 것이다.

3장

예술 경험으로
성공 습관을 키운다

대학을 졸업하자마자 나는 작가의 길을 가겠다며 경기도 분당에 작업실을 얻어 작업에 전념하기 시작했다. 그 당시 분당은 신도시가 생긴 지 얼마 안 된 터라 대중교통이 불편했다.

집에서 작업실까지 오고 갈 때 자전거를 탔는데, 특히 구미동에서 정자동까지 탄천을 따라 자전거로 달릴 때면 약간의 내리막길이 있어서 자전거 타는 재미를 한껏 더했다. 아침에 도시락을 싸서 자전거에 신고 작업실을 향해 달릴 때 코스모스라도 피어 있는 날이면 나는 세상을 다 가진 듯했다. 머리카락 사이로 솔솔 느껴지는 상쾌한 바람과 새파란 하늘. 입에서 "아, 행복하다!"라는 탄성이 저절로 나왔다.

매일 아침부터 저녁까지 그렇게 꼬박꼬박 작업을 했다. 누가 출

퇴근을 챙기는 것도 아닌데 혼자서 열심히 출근 도장을 찍었다. 그렇게 작업한 시간들이 나에게는 인생을 살아가는 힘이 되어 주었다. 고등학교, 대학교를 다닐 때도 늘 미술 작업을 하긴 했지만, 사실 과거에는 그렇게 오랜 시간 오로지 작업에만 몰두해 본 적이 없었다. 긴 시간 고정적으로, 끈기 있게 매달려 본 사람만이 알 수 있는, 예술이 주는 풍요로움을 한껏 누려본 시간이었다. 예술이 무엇인지 온몸으로 체험했다.

예술은 대가를 바라고 하는 활동이 아니다. 특히 경제적 대가를 바라고 하는 활동은 이미 예술이 아니라 장사다. 예를 들어 어떤 가수가 노래 한 곡 부르면 천만 원을 주는 무대든, 양로원 무료 봉사 무대든 자기가 할 수 있는 한계 끝까지 표현하고 노래한다면 그 사람은 가수이면서 동시에 예술가다. 반면, 천만 원짜리 무대에서는 천만 원어치 노래를 하고 공짜 무대에서는 무성의하게 노래한다면 그 사람은 그냥 노래를 파는 장사꾼이지 예술가는 아니다.

미술 작업을 하는 작가도 마찬가지다. 어떤 작품을 작업할 때 '물감을 20만 원어치 더 써서 작품 값을 100만 원 이상 더 받아야지'라는 계산을 세우고 작업하는 작가는 거의 없다. 예술가는 예술 행위와 그것의 경제적 결부를 결부시켜 예술 행위에 열심을 더 하거나 덜 하는 사람이 아니다. 예술은 언제나 '마땅히 해야 할 수준을 넘어서는 것'이다. 김연아의 스케이팅을 두고 사람들은 예술이라고 한다. 김연아의 스케이팅은 보통의 피겨 스케이트 선수가 '마땅히' 또는 '당연히' 할 만한 수준이 아니다. 모든 사람이 당연히 기대할 만한 것을 넘어선 어떤 행위나 결과를 볼 때 사람들은 '선물'을 받는 셈이다. 그리고 그 선물은 감동을 준다.

가끔 나는 사무실 근처에서 구두 닦는 분에게서도 예술적 태도를 본다. 구두 닦는 비용은 3,000원이다. 그런데 그분은 3,000원을 내밀기가 너무나 미안할 만큼 구두를 털고, 닦고, 광내고 심지어 맨손으로 문지른다. 3,000원 받을 거니까 3,000원어치 닦고 말아야지 하는 본새가 아니다. 이 구두를 가능한 최고로 다시 반짝거리게 만들겠다는 태도이다. 그 태도가 나에게는 선물로 느껴지고 그 선물 덕분에 감동을 받는다. 그래서 나는 그곳에서 구두를 닦는 날이면 늘 기분이 좋아진다.

예술은 곧 선물이고, 선물은 사랑의 표현이다. 선물은 마땅히 받아야 하는 것이 아니다. 선물에는 받는 사람의 마음을 움직이는 것 외에 다른 목적이 없다. 아니, 없어야 한다. 다른 목적이 있다면 그것은 이미 선물이 아니라 뇌물이거나 거래이다. 선물은 내가 받은 만큼 주는 게 아니다. 안 주어도 그만인 것을 더 주는 것이다. 그러니 선물은 사랑의 표현이다. 만약 사랑하지 않는다면, 안 줘도 될 것을 줘야할 이유가 없으니까.

여자가 남자에게 선물 받기를 원하는 것도 진화심리학적으로 해석하자면 사랑의 증거를 갖고 싶어 하는 심리이다. 이론적으로 자식을 1,000명까지나 둘 수 있는 남자와 달리, 여자는 가임기 내내 임신을 거듭한다 해도 기껏 10명 안팎의 자식밖에 낳지 못한다. 그러니 여자는 아무 상대하고나 짝을 지을 수 없다. 속물이어서가 아니라 유전적으로, 진화심리학적으로, 태생적으로 여자는 남자보다 결혼 상대를 더 신중히 고르고 시험할 수밖에 없다. 이 험한 세상에서 나와 내 자식을 끝까지 보호해 줄 사람인지. 남자가 그러자면 나를 사랑해야만 가능하다. 그러니 여자는 남자가 기꺼이 나를 위해 대가 없는 선물을 하는지 본다. 사랑하는지 본다.

예술을 한다는 것은 당연한 수준 이상을 하는 경험을 하는 것이다. 대가를 바라지 않고 자신이 해야 할 도리를 다하고 그 이상을 해내려고 하는 활동이다. 그런데 대가를 바라지 않는 노력, 이것이 아이러니하게도 결국은 경제적 결과를 가져다준다.

받는 월급만큼만 일하는 직원은 추가적인 보상을 받기 어렵다. 언제나 월급과 상관없이 자신에게 주어진 일에 최선을 다하고 월급보다 더 해내야 월급이 오르고 승진을 한다. 월급 100만 원을 더 주면 100만 원어치 더 일하겠다는 직원에게 흔쾌히 100만 원을 인상해 주는 사장은 없다. 언제나 자신이 먼저 움직여야 보상이 따른다. 세상의 이치는 늘 이렇다. 그러니 대가를 바라지 않는 노력이 결국은 경제적인 성공도 가져다주는 법이다.

나는 미술 작업을 하면서 예술의 힘을 배웠다. 대가와 상관없이 나의 한계를 기꺼이 다하고 또 더 하는 습관. 예술로 다져진 이 습관은 그 이후로 대학원 석·박사 과정을 밟을 때에도, 사업을 할 때에도 이어져서 나를 '선물 같은 성과'를 내는 사람으로 만들어 주었다.

아이들도 미술 작업을 통해 성공 습관을 배운다. 미술은 곧바로 성적에 반영되는 과목이 아니다. 그러니 어떻게 보면 돈이 나오는 것도 아니고 성적이 오르는 것도 아닌 것에 열중하는 셈이다.

혹시 아이들이 집에서 그림을 그리고 있을 때 이렇게 말한 적 없는가?

"공부나 하지 쓸데없이 그림이나 그리고 있나!"

쉿! 방해하지 말라.

아이들은 지금 이 '쓸데없는' 일에 몰두하면서, 당장의 대가는 없더라도 자신의 능력을 최대한 발휘하는 습관을 쌓는 중이다. 선물 같은 성공 습관을 기르는 중이다.

4장

정서적인 건강을 길러준다

인간은 왜 살아가는가? 인간은 왜 힘든 일을 하고, 아등바등 돈을 벌고, 이런 노력들을 왜 하는가? 인간은 각기 다른 욕망과 꿈을 가지고 살아간다. 세상의 어느 한 사람도 다른 사람과 똑같지 않다.

따라서 인간이 왜 이렇게 애를 쓰며 사는가에 대한 답도 여러 가지일 것 같지만 사실은 거의 한 가지로 집약된다. 그것은 기분 좋기 위해서이다. 행복해지기 위해서이다. 돈을 많이 벌어서 기분이 좋든, 봉사와 희생을 해서 기분이 좋든, 어쨌든 인간은 기분이 좋고자 하는 공통된 목표를 가지고 있다.

기분이 좋거나 행복하다는 느낌은 정서적인 건강과 관련이 있다. 따라서 인간을 위한 모든 교육 서비스도 결국은 인간을 정서적으로 건강하게 하기 위해 마련되어야 한다. 그렇다면 미술은 어떻게 인간을 정서적으로 건강하게 해 주는가?

첫째, 미술은 자기를 표현하게 한다

한국의 풍토병이라고 할 수 있는 화병은 자신의 부정적인 감정을 건강하게 표현하지 않고 억누른 데서 발생한다. 인간은 누구나 자기를 표현하고자 하는 욕구가 있는데 일반적인 상황에서는 주로 언어가 그 역할을 담당한다.

우리는 언어를 의식적인 과정을 통해 사용한다. 즉 우리가 말을 하거나 글을 쓸 때는 의식에 의해 검열된 자료들이 출력된다. 그런데 인간의 행동과 마음과 생각들이 사실은 의식 못지않게 무의식에 의해 좌우된다.

그렇기 때문에 언어만으로는 자신을 완전히 표현하는 것이 불가능하다. 이는 언어보다 훨씬 무의식적인 과정에 의해 만들어지는 미술 작품을 통해 보완할 수 있다. 미술 작품은 의식적인 과정과 무의식적이 과정이 끊임없이 교차하면서 만들어지기 때문이다.

그래서 미술은 유아동들에게 더 중요하다. 아직 언어가 잘 발달되지 않은 유아동들은 자신의 내면을 언어로 표현하는 데 한계가 있다. 그들은 언어보다 미술을 통해 자신을 더 잘 표현할 수 있다. 따라서 유아동 미술 교육에서는 아이들이 자유롭게 자신을 표현할 수 있도록 해 주어야 하며 어떤 강제나 틀을 사용해서는 안 된다.

둘째, 미술은 아이들의 시지각과 소근육을 발달시킨다

인간의 성장에는 거쳐야 하는 단계가 있다. 옹알이를 충분히 해야 나중에 말을 빨리 하게 되고, 배밀이나 기는 것을 열심히 해야 걷고 뛰는 것이 빨라지듯, 유아기에 난화(難畵, scribble, 구체적인 형태가 나오지 않는 낙서 같은 그림)를 열심히 그려야 소근육이 발달하고 시지각이 발달한다. 그러면 손이 야무지게 되고 눈이 예리해지면서 눈과 손을 사용해서 하는 일을 잘할 수 있게 된다.

인간이 하는 일 가운데 눈과 손이 예리하고 정교해져야 좋은 게 무엇인가? 아마 인간이 하는 모든 일이 다 해당될 것이다. 글쓰기, 셈하기, 요리, 청소부터 고난이도의 외과 수술이나 전투기 조종까지 어느 것 하나 눈과 손이 필요하지 않은 분야가 없다. 그래서 시지각과 소근육이 발달하면 자신감이 생긴다.

미술은 유아동기에 시지각과 소근육을 발달시키는 최적의 방법이다. 미술은 아이들에게 부담이나 훈련이 아니라 자연스러운 놀이로 다가갈 수 있으므로 그 효과가 더욱 크다.

셋째, 미술은 세상에 대한 이해를 높여준다

어떤 대상에 관심이 있다는 것은 무엇을 말하는가? 그것은 아마 대상을 유심히 관찰하는 것에서 시작될 것이다. 그런데 대부분의 사람들은 대상을 관찰할 줄 모른다. 그냥 개략적으로만 이해하려 하지, 대상의 본질을 더 알아내기 위해 자세히 보려 하지 않는다.

예를 들면, 어린이집 선생님이 아이들을 그냥 예사로 보다가 하나하나 잘 관찰하게 되면 아이들에 대한 이해도가 달라진다. 잘 보면 관심이 생기고 관심이 생기면 이해하게 된다.

물론 그 순서가 바뀔 수도 있다. 아이를 잘 이해해서 관심이 생기고 관심이 생겨서 잘 보게 되는 경우도 있다. 순서는 중요하지 않다. 어쨌든 서로 연결되어 있기 때문이다.

아이들을 더 잘 이해하면 무엇이 좋은가? 선생님마다 비교적 많은 아이들을 담당해야 하는 우리나라 상황에서 선생님이 평정심을 가지고 한없는 사랑으로만 아이들을 대하는 것은 거의 불가능에 가깝다. 아이들은 끊임없이 말을 안 듣고 말썽을 일으켜서 선생님을 힘들게 한다. 아이들의 수가 적으면 다행이지만 수가 많은 교육 현장에서는 이상적인 교육적 태도로만 아이들을 대하기가 지극히 힘들다. 그런데 이런 아이들의 행동을 이해할 수 있다면 훨씬 더 여유로운 태도로 아이들을 대할 수 있게 된다.

예를 들어보자. 어떤 아이가 선생님이 불러도 대답도 잘 안 하고 목소리는 또 얼마나 큰지 수업 중에 항상 수업 분위기를 흐린다. 아무리 조용히 얘기하라고 해도 도무지 조용조용하게 대화가 안 되고 선생님의 지시도 따르지 않는다. 이쯤 되면 선생님은 슬슬 이 아이가 곱게 보이지 않는다.

그런데 사실 이 아이에게 청각 장애가 있다는 것을 알게 되면 어떻게 될까? 그래서 선생님 말도 잘 안 들리고 자기 목소리도 잘 안 들리니까 항상 크게 이야기한다는 것을 선생님이 이해하게 되면 그전까지 아이를 답답해하고 미워하던 마음이 갑자기 미안한 마음으로 바뀔 것이다. 아이가 선생님 말을 안 듣는다고 야단을 치는 것이 아니라 아이에게 더 잘 들리는 목소리로 아이 얼굴을 바라보며 이야기하게 될 것이다.

선생님에게 오는 이런 변화는 아이를 유심히 관찰하고 관심있게 지켜보는 데서 시작된다. 이렇게 대상을 더 잘 이해하게 되면 우선 자신의 마음이 편해진다. 쓸데없이 자신의 영혼을 갉아먹는 분노나 짜증이 사라진다. 아이들도 마찬가지다. 세상을 더 잘 보게 되면 더 잘 이해하게 되고 그러면 정신적으로 더 건강해진다.

미술을 통해 세상을 더 유심히 볼 수 있다. 즉 미술 작업을 계속하다 보면 매사 대충대충 보던 습관이 진지하고 자세하게 보는 습관으로 바뀌게 된다. 그렇게 해서 생긴 세상에 대한 관찰력은 세상에 대한 이해를 거쳐서 결국 정서적인 건강으로 이어진다.

넷째, 미술은 두뇌와 문제 해결력을 발달시킨다

TV를 볼 때와 그림을 그릴 때의 뇌의 작용이 다르다. 인간은 청각 자극이 주어지면 대뇌 신피질이 일을 해서 그 자극에 적합한 시각적

이미지를 찾는다. 즉 어떤 친구가 "어제 길을 가다가 굉장히 예쁜 집을 봤는데 그 집은 지붕이 빨간색이고 하얀 울타리가 있었고……"라고 설명하면 우리는 거의 동시에 그 집에 대한 이미지를 떠올린다.

그런데 빨간 지붕이 어디 한 가지뿐이랴. 아마도 수백, 수천 개의 빨간 지붕 모양 중에서 한 가지를 찾아야 할 것이다. 그런 과정이 눈 깜박하는 것보다 더 빠른 시간 안에 이루어진다.

한편, 청각 자극과 시각 자극을 동시에 주는 TV나 컴퓨터 게임 같은 경우에는 다르다. 굳이 대뇌 신피질이 일을 하지 않아도 적합한 시각적 이미지를 친절하게 동시에 제공하기 때문에 인간 뇌의 하등 영역만 겨우 쓰게 될 뿐이다. TV를 '바보상자'라고 부르는 이유가 여기에 있다. TV를 보는 동안에는 아주 원시적인 뇌만 필요한 것이다. 인간의 뇌는 쓰면 쓸수록 발달한다고 하는데, 쓰면 쓸수록 발달하는 그 부분이 바로 대뇌 신피질이다.

요약하자면, 아이들이 미술을 할 때는 끊임없이 대뇌 신피질을 사용한다. 머리가 좋아지는 것이다. 특히 미술 작품을 완성할 때까지 끊임없이 문제 해결 과정이 요구되기 때문에, 어떤 문제에 부딪치면 다른 대안을 생각해 내야 한다. 이 다른 대안을 풍부하게 만들어 낼 수 있는 능력이 창의력이고 대안을 충분히 찾을 수 있는 능력이 정서적인 건강을 결정한다.

인간이 어떤 문제 상황에 부딪쳤을 때 그 문제를 해결하는 방법을 잘 알고 대안을 마련할 수 있으면 아무리 어려운 상황이라 할지라도 최악의 스트레스는 겪지 않는다. 더 이상 대안이 없는 데서 오는 좌절감과 두려움과 분노가 문제이다. 미술은 그런 대안을 만들어 내는 능력을 길러 주어 정서적으로 건강한 삶을 살 수 있게 해 준다.

5장

과학기술의
부작용으로부터 보호한다

어릴 적 내가 살던 동네에는 공터가 많았다. 포스코에서 주로 직원들을 위해 개발한 대규모 신도시 같은 동네였기 때문에, 거의 일정한 면적으로 구획된 곳에 주택이 하나씩 들어섰다. 그렇다 보니 아직 집이 들어서지 않은 빈 터들이 마치 듬성듬성 빠진 이처럼 있었던 것이다.

아이들은 온 얼굴이 송골송골 땀범벅이 된 상태로 골목과 공터를 장악했다. 지금 생각해 보면 아직 골목에 차들이 많이 다니지 않았던 그때 골목의 놀이 문화를 향유했던 우리 세대는 참 운이 좋았다. 초등학교를 다니는 아이들이 주로 하던 놀이는 고무줄 놀이, 구슬치기, 무궁화 꽃이 피었습니다 등등이었다. 뭐가 그렇게 재미가 있었던지 해가 질 무렵까지 아이들의 웃음소리가 끊이지 않았다. 그러다 하늘이 슬슬 주황색으로 물들어 갈 시간쯤 되면 집집마다 엄마가 나와서 "철수야, 밥 먹어라!" 하며 고래고래 소리를 질렀다.

여동생과 나는 소꿉놀이를 자주 했다. 집 안에 굴러다니는 음료수 병뚜껑은 밥그릇이 되었고 엄마의 화장품 빈 병은 장독이 되었다. 어쩌다 케이크 자르는 플라스틱 칼이라도 건지는 날이면 무척 신이 났다. 그 당시에 여자아이들이 모두 그랬듯이, 여동생과 나는 소꿉을 담는 상자에 차곡차곡 그 보물들을 모아 나갔다. 소꿉놀이에 빠진 우리는 공터에 마구 자란 풀들을 뜯어다 김치를 담궜다. 장독 깨진 것을 챙겨 두었다가 빻아서 고춧가루를 만들었고 공사장에서 한 움큼 집어 온 모래는 깨소금 역할을 했다. 학교 미술 시간에 쓰다 남은 찰흙이 있는 날에는 그걸로 납작하게 전을 부치고, 골목에 핀 이름 모를 꽃을 따서 군데군데 꾹꾹 눌러 박아 화전도 구웠다.

소꿉놀이에서 시작된 우리의 상상 놀이는 점점 커져 갔다. 우리집 바로 앞 골목 맞은편이 마침 공터였다. 비록 골목골목을 누비고 다니긴 했지만 아늑한 비밀 공간이 아쉽고 필요했던 우리는 그 공터에 아지트를 만들기로 했다. 건축 설계는 내가 맡았다. 나는 땅을 파서 지하 아지트를 만들자고 했다. 약 150센티미터의 깊이로 땅을 파고 넓은 김장 비닐을 구해서 깔 계획이었다. 지붕은 공터마다 가득한 갈대를 잘라 이어서 덮을 요량이었다. 그래서 마침내 우리는 야심차게 아지트 사업에 착수했다.

그 거창한 사업에 동네 코흘리개 꼬맹이가 무려 다섯 명이나 동참했다. 우리는 무척 신이 났다. 집에서 각자 꽃삽이랑 호미를 들고 와서 매일같이 땅을 팠다. 파다 보면 생전 처음 보는 벌레가 기어 나오기도 하고, 식물의 뿌리가 땅속에서 어떻게 뻗어 나가는지 저절로 알게 되기도 했다.

하루밖에 안 지났는데 벌써 업무 분담이 이루어졌다. 우리보다 힘이 좀 더 센 남자아이들은 삽질을 해서 땅을 파고 여자아이들은 바가지에 흙을 담아 날랐다. 어린 동생들은 돌멩이를 골라냈다. 온갖 상상이 동원되었다. 비오는 날은 무조건 만나서 이곳을 사수해야 한다느니, 동네 아이들이 여기를 무단으로 사용할 수도 있으니 지붕은 흙으로 위장해야 한다느니. 전쟁 놀이와 학교 놀이 중에서 학교 놀이를 할 거면 우리가 다니고 싶은 학교를 만들어 놀이를 하자느니 하면서 시간 가는 줄 몰랐다.

우리의 야무진 꿈은 어느 날 엉뚱하게 이루어졌다. 사나흘이 넘게 땀을 뻘뻘 흘리며 땅을 파고 있는 것을 지켜 본 친구 경미의 엄마가 어이가 없었던지 우리에게 물었다.

"너거들 지금 뭐하는 거고?"

"아지트 맹글라고요"

"아이고, 내가 몬산다, 이노무 자슥들. 하라는 공부는 안 하고. 저 손 좀 봐라, 저거. 아이고 참말로"

그러시더니 우리를 집으로 데려갔다. 당시 경미네 집은 포스코에 다니는 총각들한테 방을 한 칸씩 세주고 있었는데, 마침 한 총각이 방을 비운 모양이었다. 깜짝 놀랍게도 경미 엄마는 그 방을 우리 아지트로 내주셨다! 흥분된 마음으로 우리는 풍선을 불어서 벽에 매달고 "병아리들의 아지트"라고 큼지막하게 쓴 종이도 붙였다. 그것도 허전한 것 같아 색 테이프로 주렁주렁 장식하고 마침내 동네 애들을 불러다 오픈식까지 거창하게 치렀다.

그런데 이상했다. 그 아지트가 며칠 지나지 않아 재미가 없어졌다. 얼토당토않게 공터 땅을 몇 날 며칠 파 낼 때는 그렇게 재미가 깨소금 같더니, 깨끗하고 멀쩡한 방을 하나 구하자 오히려 그 재미가 다 도망갔다. 우리는 "병아리들의 아지트"에서 나와 다시 공터로, 골목으로 놀이의 장을 옮기고 말았다.

초등학교 고학년이 되자 집 앞 골목에 하나둘 차가 늘어나기 시작하고 우리 집도 드디어 첫 번째 자가용을 뽑았다. 차가 점령한 골목에서는 더 이상 아이들의 웃음소리가 들리지 않았다. 아이들은 이제 학교에서 전에는 하지 않던 질문들을 서로에게 하기 시작했다. 니네집 차는 어디 거냐는 둥, 네 운동화는 어느 메이커냐는 둥.

절대적인 인기를 끌었던 나이키 운동화가 아이들에게 미친 영향을 기억하는가? 나이키 운동화 때문에 아이들은 기가 죽거나 기가 살았다. 소위 '질이 안 좋은' 아이들은 나이키 운동화를 사려고 자기보다 어린 아이들에게서 코 묻은 돈을 빼앗았다.

그렇게 정신을 황폐하게 하는 자본주의의 그림자가 아이들에게도 슬금슬금 뻗쳐 오던 시절, 나는 그 재미있고 무궁무진 신나는 모험이 있었던 소꿉놀이를 예상치 못하게 영영 접고야 말았다.

엄마가 삐까번쩍한 최신 플라스틱 장난감 소꿉놀이 세트를 사 왔던 것이다. 화려한 색깔의 소꿉놀이 세트에는 밥그릇, 찻잔, 주전자, 도마, 칼, 숟가락, 포크, 냄비, 접시뿐만 아니라 스테이크와 계란 후라이 같은 음식 모형도 있었다. 처음에 엄마가 그 소꿉놀이 세트를 사 왔을 때 여동생과 나는 너무 좋은 나머지 거실에서 소리치며 뒹굴었다. "엄마 최고!"를 목청껏 외치며 포장을 뜯었다. 그러고는 두근거리는 마음으로 아주 우아하게 차려 놓고 소꿉놀이를 시작했다.

그런데 참 이상한 일이 생겼다. 소꿉놀이가 재미가 없어졌다.

"다 있는데, 정말 진짜 같은데, 이거 되게 비싼 건데, 왜 재미가 없지?"

한마디로 상상력이 가지는 무궁무진한 힘을 더 이상 펼치지 못하게 된 것이다. 진짜 같은 소꿉놀이 세트에는 진짜 상상력이 없었다.

몇 년 전 이명박 대통령이 "우리는 왜 닌텐도 같은 것을 만들지 못하는가?"라고 IT 관련 종사자들을 질책했다는 기사를 읽었다. 당시에 관련 업계 사람들은 지적 재산권에 대한 낮은 인식, 정부 지원 미미 등을 들며 소프트웨어 산업이나 닌텐도 같은 테크놀로지의 발달이 힘들다고 항변했다. 그러나 나는 전혀 다른 이유로 그분의 발언이 어이가 없게 느껴졌다.

집집마다 또는 한 집 건너 한 집씩은 아이들의 성화에 못 이겨 닌텐도를 구입했을 것이다. 우리 집도 예외가 아니었다. 닌텐도가 새로

출시되었을 때 남편은 자기가 더 신이 나서 아들을 마트로 데려가 닌텐도를 손에 쥐어주었다. 닌텐도를 너무 많이 하면 책 읽고 뛰어 놀 시간이 줄어들까 봐 걱정하는 나에게 남편은 안심하라고 했다. 게임을 너무 오랫동안 하지 않도록 자기가 잘 조절하겠다면서. 대체로 남편의 공언대로 됐다. 아이는 약속을 잘 지키는 편이었다. 엄마, 아빠와 함께 합의한 그 시간만 닌텐도를 하는 것에는 별 문제가 없었다.

그런데 진짜 문제는 다른 곳에서 나타났다. 아이들의 마음을 완전히 사로잡는 닌텐도 게임을 하기 시작한 아이는 더 이상 책을 읽지 않았다. 엄마가 읽어 줘도 지겹다 했고 자기가 책을 자발적으로 꺼내 읽는 일은 거의 없어졌다. 맙소사!

더구나 가족과 함께 주말에 산이나 바다로 가도 아이는 늘 닌텐도를 주머니에 넣고 가고 싶어 했다. 남편은 한 술 더 떴다.

"애들은 산에 가면 보나 마나 심심할 거야. 닌텐도나 하라고 하자."

자연계에서의 유혹은 파괴적이지 않다. 암컷을 유혹하는 수컷 공작의 화려한 꼬리나, 벌레를 유인하여 잡아먹는 식충 식물들조차 자연의 일부로서 마땅히 부여된 그들의 역할을 할 뿐 자연의 질서를 파괴하지 않는다. 그런데 인간에게서 비롯된 조작된 유혹은 그 뒤에 탐욕을 숨긴 채 아이들을 끝없이 파괴한다. 아이들이 노출된 가장 큰 위험은 상상력 파괴이다. 진짜 살림살이의 축소판인 비싸고 화려한 소꿉놀이 세트에는 상상력이 끼어들 여지가 없다. 성인 여성의 가장 완벽한 외모를 구현한 바비 인형에는 아이들의 상상력이 비집고 들어갈 틈이 바늘구멍만큼도 없다. 이런 장난감을 가지고 노는 아이들은 골치 아프게 자신의 머리를 쓸 필요가 없다.

문제는 무엇보다, 뇌는 편해지면 더 이상 힘든 일을 하지 않으려고 하는 데 있다. TV나 닌텐도같이 힘들이지 않아도 즉각적인 만족을 주는 매체에 익숙해진 아이들의 뇌는 '뭐하러 골치 아프게!'라고 하면서 더 이상 책을 읽지 않는다. 닌텐도 게임이나 비디오 게임, 온라인 게임이 가진 유혹의 힘은 환상에 대한 욕구를 손쉽게 만족시키는 데서 나온다. 화면 속의 캐릭터들은 어른들에 의해 디자인되어 비현실적인 힘을 가지고 있다. 현실에서 자신이 힘과 근육을 키우는 것은 인고의 시간을 필요로 하지만 화면 속에서 자신이 조종하는 캐릭터의 전투력을 키우는 것은 그렇게 오랜 인내와 수고를 요구하지 않고 즉각적인 만족을 준다. 손쉬운 조작만으로도 화면 속에서 펼쳐지는 형형색색의 화려한 대모험은 아이들의 실제 삶을 시시하고 귀찮은 것으로 여겨지게 만든다. 아이들은 점점 더 화면 속에서의 손쉬운 만족에 빠져들게 되고 어른들은 아이들을 게임에서 떼어 놓는 일에서 백전백패한다.

우리는 이쯤에서 정신 차리고 아이들을 지켜내야 한다. 테크놀로지가 주는 손쉬운 유혹으로부터 아이들을 보호해야 한다. 아이들은 테크놀로지가 줄 수 없는 것들, 즉 실제 종이와 크레파스가 만나서 만들어 내는 약간의 저항력과, 손끝에 느껴지는 크레파스의 미끄러운 느낌과, 그 특유의 냄새를 느껴야 한다.

즉각적인 만족에 길들여지기보다는 한 시간 이상 몰입해야 자신이 원하는 모양이 겨우 만들어지는 지난한 경험을 해야 한다. 손과 눈, 마음이 하나가 되어 물감, 종이, 나무, 찰흙 등으로 형태를 만들고 재료 각각의 물성에 따라 새로운 존재를 창작하는 기쁨을 느껴야 한다. 미술에 대한 깊이 있는 경험은 테크놀로지의 유혹으로 인한 독성을 정화시켜 주기 때문이다.

자신이 만들어 나가는 작품의 10분 뒤 모습, 1시간 뒤 모습을 상상하면서 그것을 실제 작품으로 구현해 내야 한다. 이런 상상력 없이는 현실의 어려움에 부딪혔을 때 그것을 헤쳐 나갈 힘이 없다. 지금 눈앞에 보이는 방법 외에는 대안을 생각해 내지 못하기 때문이다. 상상력은 융통성, 인내, 그리고 장기적으로 의미 있는 목적 달성을 위해 당장의 만족을 지연시킨다.

아이들을 '다 갖추어진' 비싼 장난감으로부터 구해 내자. 상상력이 끼어들 여지가 없는 닌텐도, 자동차, 인형, 소꿉놀이 세트를 사 주지 말자. 자신이 아이들에게 무슨 짓을 하는지도 모르는 채 그들의 상상력을 서서히 죽여 버리는 만행을 저지르지 말자.

요즘 아이들의 부모 역시 아무것도 모르는 채 이런 유혹적인 환경에서 자랐다. 그러니 우리가 이제 그 대물림의 사슬을 끊자. 아이들 손에 물감을 쥐어 주고, 모래를 쥐어 주자. 나비의 종류를 줄줄 외도록 하기보다는 나비 잡으러 깡충깡충 뛰어다니게 해 주자.

6장

자신을 표현하고
세계와 소통하게 해준다

간혹 지인들이 자기 아이들의 그림을 SNS로 보내올 때가 있다.
그러고는 꼭 묻는다.

"어때? 우리 애 소질 있어 보여?"

소질이 있는지가 왜 궁금하냐고 물으면 대부분 이렇게 대답한다.

"소질이 있으면 계속 밀어 주려고. 아니면 일찌감치 접으라고 해
야지."

미술을 전공한 입장에서 보면, 미술을 전공하지 않은 사람들이
가지고 있는 가장 큰 편견은 아마도 '미술은 소질이 있어야 한다'는
것이리라. 아이들이 처음에 말을 배울 때, 또는 한글을 배울 때, 아무
도 이 아이가 한글에 소질이 있는지 묻지 않는다. 좀 더 커서 영어를
배울 때도 아이가 소질이 있어야 한다고 생각하지 않는다.

소질이 있든 없든 영어로 커뮤니케이션을 해야 하는 사람이면 영어를 배우면 된다. 책 읽기도 마찬가지다. 책 읽는 데 소질이 있는 아이만 책 읽기를 누릴 수 있는 것이 아니다. 책 읽기에 소질이 있든 없든, 책은 누구에게나 풍부한 정보와 사색의 시간을 선물해 준다.

미술은 언어와 유사하다. 아무도 가르쳐 주지 않아도 아기는 어느 날 알아듣지 못할 옹알이를 시작하듯이, 미술도 아이 스스로 어느 날 알아볼 수 없이 휘갈겨 '난화'를 그리기 시작한다. 나중의 정확한 언어 발달을 위해 지금은 비록 의미 없어 보이는 옹알이가 꼭 필요하듯, 향후의 정상적인 발달을 위해서는 미술 능력 발달에 도움이 되지 않을 것 같은 이 난화 시기를 아이들이 충분히 누릴 필요가 있다.

아기가 옹알이를 할 때는 무슨 말인지 알아들을 수도 없고, 자기 표현도 제대로 되지 않는다. 하지만 그렇다고 해서 옹알이를 하지 못하게 하거나, 아기가 옹알이를 할 때 엄마가 받아 주지 않으면 언어 발달이 잘 이루어지지 않는다.

24개월 전후 아기들은 무엇인지도 모를 그림을 잔뜩 그린다. 바닥에도 벽지에도 아빠의 중요한 서류철에도 낙서를 해서 부모를 곤란하게 만들기도 한다. 그렇다고 해서 이 단계의 아이들이 낙서를 하지 못하게 막아 버리면 이후의 시각적 자기 표현(미술) 발달에 지장이 생기기 때문에 아이들이 충분히 낙서할 수 있는 환경을 만들어 주는 것이 좋다.

언어를 자기 표현을 위해 사용하듯, 미술도 자기 표현을 위해 사

난화기의 그림

용한다. 이렇듯 언어와 미술은 여러 가지 면에서 서로 닮았다. 그래서 미술을 시각 언어라고 하기도 한다.

또 하나의 닮은 점은 미술도 언어처럼 배우면 된다는 점이다. 물론 언어를 배우는 데 선천적인 소질이 있는 사람이 있다. 하지만 그렇지 않은 아이라고 해서 언어를 배우지 않을 이유도 없고, 언어를 배우지 못하는 것도 아니다. 언어 감각이 부족해도 자기 의사를 표현하고 살아가는 데 아무 지장이 없을 정도로는 누구나 배울 수 있듯이 미술도 마찬가지다.

미술을 배우는 것은 생각보다 쉽다

미술을 배우는 것은 비단 아이들에게만 국한된 이야기가 아니다. 어른들도 빠르게 배울 수 있다. 아래는 아트앤하트 책임 연구원인 김정한 선생님이 진행하는 '우뇌로 그리기 워크숍'에 모인 사람들의 작품이다. 대부분 미술 비전공자이고 미술과는 전혀 상관없는 인생을 살아온 분들이다.

평생 그림이라고는 그려 본 적 없던 60대 CEO도, 미술 시간이 제일 싫었던 일반 회사원도, 게임만 좋아하던 고등학생도, 모두 자신은 그림을 그릴 줄 모르고 재능이 없다고 느껴 왔으며 그림을 배울 가망이 전혀 없다고 생각했다. 그런데 그들은 12회 수업 만에 다음과 같이 그림이 변했다. 열일곱 살 K군은 이렇게 말했다.

10대 학생

20대 대학생

30대 교육 사업가

60대 CEO

"난 지금까지 내가 그린 그림들이 모두 못 그렸다고 생각했다. 그림에 재주가 없다고 생각했는데, 못 그린 게 아니라 그건 개성이라는 걸 알았다."

100세 시대라고들 한다. 50대에 은퇴하면 자신이 살아온 인생만큼의 인생이 또 기다리고 있다. 60, 70세 이상이 되었을 때 무엇을 하며 살 것인가? 돈을 버는 것 외에 내 인생을 풍요롭게 만들어 줄 것은 무엇일까? 아이를 가진 엄마라면, 자신을 표현할 수 있게 해주고 세상과 소통할 수 있게 해주는 미술이라는 멋진 인생 친구를 아이에게 선물하고, 자신에게도 꼭 선물하시기를. 지금 시작해도 절대 늦지 않다.

> 그림 그리기를 배우면 '다르게 보는 방법'을 배울 수 있고, 더 나아가 '창조적 사고의 힘'을 키울 수 있다.
>
> 베티 에드워즈(『오른쪽 두뇌로 그림 그리기』 저자)

글로벌 시대에 적합한 소통 수단은 시각 언어

물론 남들보다 미술 감각을 조금 더 타고나는 사람이 있다. 하지만 그렇지 않은 사람이라 하더라도 미술을 배우거나 누리고 사는 데에는 아무 문제가 없다. 우리 모두가 언어학자나 언어 교사가 아니듯, 모두가 디자이너나 화가가 될 필요는 없다. 다만 글을 읽고 쓰는 것처럼, 비록 디자이너나 화가가 아니더라도 시각 언어를 사용하는 법은 알아야 한다.

21세기 들어서 비주얼 리터러시(visual literacy)라는 개념이 점차 대두되고 있다. 비주얼 리터러시는 시각적 문해력이라고도 번역된다. 한마디로 말하자면 시각 이미지를 읽고 쓰는 능력이다. 과학 기술의 발달로 점차 국가 간의 경계도 모호해지는 글로벌 시대에 이미지는 영어만큼이나, 아니 영어보다 더 글로벌한 언어이다.

나는 해외 출장 때문에 공항에 자주 가는데, 가끔씩 커다란 변화를 느낀다. 아주 예전에는 공항 곳곳에 한국어와 영어로 된 표지판만 있었다. 그러다가 일본인 관광객이 늘어나니까 일본어 표지가 추가되었다. 몇 년 전부터는 중국인 관광객 수가 급증함에 따라 당연히 중국어 표지까지 추가되었다. 그러니 4개 국어가 적힌 표지판들이 얼마나 보기 지저분했겠는가. 지저분함이 극치에 이르자 마침내 표지판들이 바뀌기 시작했다(김포공항 국제선 청사 사진 참고). 텍스트는 사라지고 그 자리가 이미지로 대체되고 있다! 이미지는 어떤 언어를 쓰는 사람에게든 통용되는 언어이기 때문이다.

다국적 기업 이케아의 예를 살펴보자. 이케아는 이미지로 표현된 설명서를 사용한다. 만약 이케아가 진출하는 수많은 나라의 언어를 다 사용해서 설명서를 만들었다면 굉장히 복잡하고 소모적이었을 것이다. 이미지가 텍스트를 대신하는 방향으로 시대가 변하고 있다는 것을 알 수 있는 예는 이외에도 수없이 많다.

김포공항 국제선 청사 화장실

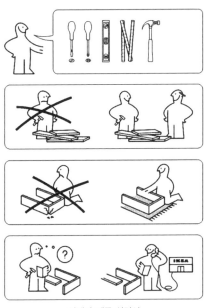

이케아 제품 설명서

따라서 이제 우리의 아이들은 미술 교육을 통해 시각 이미지를 자유자재로 읽고 쓰는 능력, 즉 시각적 문해력을 키워야 21세기의 문맹에서 벗어날 수 있다. 상상력과 창의력을 키우더라도 내면의 보이지 않는 것을 끄집어내서 표현하고 소통하려면 글이든 그림이든 어떤 수단을 사용해야 하는데, 글보다는 그림이 훨씬 보편적이고 즉각적이고 강렬하다!

2부

아동 미술 교육,
무엇이 문제인가?

7장

'아동' 없는 아동 미술 교육

"동영아! 너도 이제 어른인데 니 용돈은 니가 벌어 써야 되지 않겠나?"

미대생이 되어 지방 중소 도시에서 갓 상경한 나는 이모네 집에서 학교를 다녔다. 어느 날 이모가 용돈 벌이를 하라며 이모 친구들을 동원해서 아이들을 모아 주었다. 이른바 미술 과외를 하라는 것이었다.

"알았어. 하지, 뭐. 하면 되지, 뭐."

큰소리를 탕탕 치긴 했지만 막상 아이들을 가르치려니 막막했다. 내가 배운 잘못된 방법대로 아이들을 가르칠 순 없었다. 하루 종일 고민, 고민을 하다가 결론을 내렸다.

"그래, 첫날은 일단 자유화를 그리게 하자. 그런 다음 상황을 봐서 프로그램을 생각해 보자."

　주변의 미대생한테 아이들 미술 과외를 시키는 일은 가급적 하지 마시기를. 지금 생각해 보면 낯이 뜨거워진다. 아이들을 가르친 첫날의 기억이 25년 넘게 지난 지금도 생생하다.

　자유화를 그리자고 했더니 한 녀석은 '졸라맨'을 세 명 그려 놓고는 다 그렸다고 손을 놓았다. 다른 한 녀석은 자기는 그림을 못 그린다며 책상 위에 엎드려 버렸다. 나머지 두 녀석은 그림은 그리는 둥 마는 둥 하고 서로에게 휴지를 집어 던지며 장난을 쳤다. 그러다 한 녀석이 일방적으로 우세하자 다른 녀석은 약이 올랐는지 울음을 터뜨렸다.

　그 집을 미술 수업 장소로 제공한 아이의 엄마는 방문 밖에서 귀를 쫑긋하며 듣고 있는 눈치였다. 나는 어쩔 줄 몰라서 얼굴이 벌개지고 이마에 땀이 났다. 참 이상한 일이었다. 그냥 그림을 그리면 되는데 아이들이 '그냥' 은 그림에 몰두하지 못했다!

　어떤 아이는 자신감이 없어서 아예 시작도 하지 않고 늘어졌고, 어떤 아이는 과제에 몰두하는 힘이 없어서 그림이 안 됐다. 또 다른 아이는 '다른 사람을 괴롭히면 안 된다'는 최소한의 규칙을 지키지 못해서 수업이 이루어지지 않았다. 모두 '그림' 때문이 아니라 엉뚱하게도 '심리'나 '행동' 때문에 미술 수업이 되지 않았던 것이다.

　아이들을 어르고 달래며 어찌어찌 수업을 마친 나는 곧장 종로로 달려갔다. 종로에는 당시 서울 시내에서 가장 큰 서점이었던 종로서적이 있었다. 나는 아동 미술 교육에 관한 책을 있는 대로 모두 사서 공부하기 시작했다.

내가 아동 미술 교육을 공부하게 된 계기를 제공한 다른 장본인은 바로 아빠다. 유치원을 운영하던 아빠가 하루는 이렇게 말했다.

"동영아, 참 이상한 게 있다. 선생님들이 그러는데 말이다. 미술을 가르치기가 젤로 어렵다네. 근데 왜 영어도 아이고 수학도 아이고 미술이 젤로 어렵냐니깐, 미술은 답이 없어서 어렵다 한다. 애들이 그림을 그려도 이게 잘한 건지 못한 건지도 모르겠고 그림을 가르쳐 주자니 왠지 그라면 안 될 것 같다 하네. 그렇다고 그냥 놔 두면 그림이 늘지를 않고. 그래서 미술이 가르치기 젤 어렵단다. 니가 좀 공부를 해갖고 나중에 우리 유치원 샘들 좀 가르쳐 주면 어떻겠노?"

예나 지금이나 나는 궁금한 것이 있으면 파고들어서 끝을 봐야 하는 성격이라, 혼자 책으로 공부하는 걸로는 부족해서 결국 대학교 3학년 때 아동학과의 전공 수업을 듣기에 이르렀다. '유아 미술 교육'이라는 과목이었다. 아동학과 학생들 틈에서 유일한 서양화과 학생이었던 나는 구석에 조용히 자리를 잡고 앉았다.

그런데 지금은 동국대에 있는 이수경 교수님이 어느 날 수업 중에 한 말씀이 오늘 내가 이 글을 쓰고 있게 만들었다.

"여러분, 오늘날 대한민국의 아동 미술 교육이 엉망진창인 건 알고 있지요? 그런데 그 엉망진창의 주범이 누구인지 아세요?"

"……."

"바로 미술 전공자들입니다."

미술 전공자들이라니? 나는 고개를 갸웃했다. 그런데 그 다음에 이어지는 말씀을 듣고는 그냥 고개를 끄덕이지 않을 수 없었다.

"우리나라에서 아동 미술 교육을 하는 사람들의 70퍼센트 이상이 미술 전공자들입니다. 그런데 그 미술 전공자들이 학교 다닐 때 '아동'에 대해 배웁니까? 아니면, '아동 미술'에 대해 배웁니까? 그리고 그 아동 미술을 가르치는 '아동 미술 교육'에 대해 배우기를 합니까? 아무것도 배우지 않습니다. 게다가 그들이 어릴 때 받은 아동 미술 교육조차 엉터리입니다. 그런데 무슨 배짱으로 아이들을 가르칩니까?"

나는 할 말이 없었다. 정말 그랬다. 엄마들은 내가 미대생이라는 이유만으로 아이들을 맡겼다. 그런데 나는 정작 '미술'이 무엇인지조차 다시 배우고 있는 처지였고 아이들을 만나 보니 그들의 '미술 세계'가 있었다. 내가 장차 미술대학을 졸업한다 한들, 아이들의 미술 세계에 대해 아무것도 모른다는 사실은 달라질 리 없었다.

성인의 미술과 아동의 미술은 엄연히 다르다. 목적도, 평가 기준도 모두 다르다. 그러니 발달 연령에 따라 아이들을 대하는 방법도 달라야 할 것이다. 교수 방법이 달라야 한다는 말이다. 하지만 미술 대학에서는 이것들 중 아무것도 가르치지 않는다.

아무것도 배우지 못한 사람들이 졸업해서 아이들을 가르치고 있으니 대한민국에서 아동 미술 교육이 제대로 될 리 없었다. 이것은 한 미술 선생 개인의 문제가 아니었다. 우리 사회의 구조가 그렇게 되어 있었다. 아동 미술 교육이 제대로 이루어지지 못하게 되어 있는 구조. 무면허 운전. 바로 무면허 운전이었다. 자격이 없는 사람들이 아동 미술 교육을 하고 있는 구조. 사고가 나는 것이 당연한 구조.

지금도 많은 사람들이 이 사실을 모른다. 나는 엄마들이 이 불편한 진실만 바르게 알고 있어도 많은 문제가 해결된다고 생각한다. 나는 지금까지 2,000명이 넘는 미술 전공자들을 만났다. 사업 설명회에서 만났든 교사 세미나에서 만났든 간에 내가 이런 얘기를 들려 주면 그들은 모두들 고개를 심하게 끄덕이며 공감했다. 그동안 아이들을 가르치면서 너무나 양심이 찔렸다고 했다.

사실 미술 수업이 제대로 진행되지 않는 이유는 아이들이 산만하든, 자신감이 없든, 다른 아이들과 사이좋게 어울려 작업하지 못하든, 어떤 이유에서든 몰입을 하지 못하기 때문이다. 그런데 미술대학에서 아동의 심리나 발달, 몰입에 대해 가르쳐 줄 리 없지 않은가? 그리고 불행하게도, 대학을 졸업한 후에도 아동 미술 교육을 어떻게 해야 하는지 제대로 배울 수 있는 기관이 거의 없다.

그러니 미술 학원 입구에 크게 붙어 있는 'H대 출신 원장 직강' 같은 건 믿지 말라. 미술대학에서는 아동 미술 교육, 어린아이들을 가르치는 미술 교육에 대해 눈곱만큼도 가르쳐 주지 않는다.

8장

'미술' 없는 아동 미술 교육

나는 아동학과에서 열심히 아동 미술 교육을 배웠다. 아동의 미술 발달과 진정한 아동 미술 교육의 목표, 프로그램 짜는 법부터 미술 실습, 수업 중 동기 부여 방법 등 미술대학에서는 전혀 배우지 못하는 아동 미술 교육에 대해서 배웠다.

그런데 이상했다. 그 수업을 듣는 전체 아동학과 학생 중에서 유일한 서양화과 학생인 나만 가지고 있는 게 있었다. 아동학과 학생들에게는 없는 무엇. 당시에는 그게 뭔지 몰랐다.

그러던 학기 말 어느 날, 교수님이 나를 불러 당신 자녀의 미술 교육을 부탁하셨다. 중이 제 머리 못 깎는다고 하시면서 어디 마음 놓고 아이들 미술 교육 시킬 만한 곳이 없다고 하셨다. 나는 그때 좀 의아했다. 당신의 학과 학생들도 수두룩한데 왜 나한테 부탁하셨을까.

지나고 나서 생각해 보니 아동학과 학생들한테는 없고 나에게만 있었던 것은 바로 '아트' 경험이었다. 아동학과 학생들은 자기 자신의 작업을 하지는 않는다. 이른바 작가 경험이 없다. 스스로가 예술의 경지를 깊이 체험해 보지 않은 사람이 아이들에게서 예술을 끌어낼 수 있겠는가!

그 이후로 시간이 많이 흘러 결혼을 하고 큰아이가 유치원에 다니면서 나에게는 이 사실이 점점 더 분명해졌다. 유치원 미술에는 아트가 없다. 아이가 유치원 미술 시간에 만들어서 가져오는 작품에는 예술 경험이 없다. 오히려 집 안 골방 구석에서 혼자 작은 색종이를 꼬물거리며 오리고 붙인 작품에는 아트가 살아 있다. 감동이 있다.

아동 미술 교육의 가장 큰 목적은 아동의 건강한 발달을 미술로 돕는 것이다. 그런데 아이가 미술을 통해 아무리 정서적으로, 인지적으로 발달한다 해도 아트가 빠지면 진정한 아동 미술 교육이라 할 수 없다.

나중에 큰아이가 수영장을 다니면서부터는 더더욱 확실하게 알게 되었다. 수영장에 왜 보내는가? 수영을 통해 즐거운 시간을 보내고, 키가 크고, 밥을 잘 먹게 되고, 친구들과 잘 어울리라고 보낸다(수영을 통한 아동의 건강한 발달).

그런데 이 같은 목표는 수영장에서 따로 수영을 배우지 않고 튜브 끼고 물장구만 쳐도 다 이룰 수 있는 목표이다. 수영장을 일 년 가까이 보냈는데 자유형으로 25미터도 못 간다면 제대로 수영 교육이 이루어졌다고 볼 수 있는가?

피아노도 마찬가지다. 음악 교육을 통해서 정서가 발달하고 인지가 발달하는 것도 좋지만 아이가 막상 피아노를 치지 못한다면 교육이 제대로 이루어진 것이 아니다.

예체능 교육의 목표는 각 예체능 활동을 통해서 아이가 인지적, 정서적, 신체적 발달을 이루는 것도 중요하지만 예체능 자체의 목표가 있어야 한다. 즉 아트의 성장이 있어야 한다.

그러니 아트 경험 자체가 없는 선생님이 가르치는, 아트에 대한 인식이 부족한 아동학과 기반의 아동 미술 교육은 앙꼬 없는 찐빵이다. 아이들이 아직 어리다고 아트가 없는 것이 아니다. 세 살은 세 살의 아트를 할 수 있고 여섯 살은 여섯 살의 아트를 할 수 있다.

예술은 인간의 삶과 사회 전체를 훨씬 더 가치 있게 만든다. 어떤 직업을 가진 사람이든 예술을 즐길 수 있는 사람의 삶은 풍요롭다. 상상해 보라. 당신의 자녀가 사십대가 되었을 때 주말에 무엇을 할지. 주말마다 리모컨을 옆구리에 끼고 소파에 누워 낄낄거리며 오락 프로그램만 보는 사람으로 키우고 싶은가, 아니면 가끔은 가족과 함께 음악회를 보러 갈 줄 아는 사람으로 키우고 싶은가? 주말에 집 밖으로 가는 곳이라고는 대형 마트뿐인 사람으로 자라게 하고 싶은가, 아니면 아이들과 함께 자주 미술관 나들이를 하는 사람으로 자라게 하고 싶은가?

가난해도 문화 예술을 즐길 수 있는 사람은 삶이 가난하지 않고,

부유해도 예술을 모르면 삶이 부유할 수 없다.

아이들의 진짜 예술 경험은 유치원에서의 30분짜리 단순한 미술 활동으로 체득되는 것이 아니며, 본인의 예술 경험이 없는 사람이 이 끌어내기도 어렵다.

9장

프로그램은 넘치고
교수법은 없고

2010년 5월 25일부터 4일간 서울 강남 한복판 코엑스에서는 제2
차 유네스코 세계문화예술교육대회가 열렸다. 2006년 포르투갈 리
스본에서 개최된 제1차 대회가 문화 예술 교육의 중요성과 필요성을
논의하는 자리였다면, 서울에서 열린 제2차 대회는 전 세계 문화 예
술 교육 분야의 최고 전문가들이 모여서 문화 예술 교육이 나아갈 방
향을 제시하고 그 구체적인 실천 방법에 대한 심도 깊은 논의를 하는
자리였다. 당시에 우리 회사 연구원 전원은 나와 함께 4일에 걸친 대
회 전 과정에 참석했다.

가장 흥미로웠던 내용은 대회의 시작을 알리는 로버트 & 미셸 번
스타인 부부의 기조 연설이었다. 두 사람은 『생각의 탄생(The Spark
of Genius)』이라는 베스트셀러의 공동 저자로 유명하다. 두 사람은 당

시 미시간 주립대학교 생리학과와 연극학과의 교수로서 '창조 경영'
의 세계적 거두였으며, '과학과 예술의 창조성 연구'에 대한 공로로
맥아더 펠로우십(Genius Award) 최초 수상자가 되기도 했다. 기조
연설의 주제는 '예술이 교육의 중심에 서야 한다'였다.

　예술은 그 창조성으로 인해 다양한 교육 분야의 발달을 촉진한
다. 특히 전 분야 지식의 통합과 융합이 화두인 현 시점과 미래 시점
으로 볼 때 더더욱 그러하다.

　일반 과학자들과 노벨상을 수상한 과학자들 간의 비교 연구에서
유의미한 차이로 나타난 점이 '예술에 대한 취미 활동 정도'나 '예술
에 대한 관심도'라는 연구 결과에도 귀가 쫑긋해졌다. 노벨상을 수상
한 탁월한 과학자들이 일반 과학자들에 비해서 예술에 시간을 쓰고
관심을 갖는 정도가 유의미하게 높았다. 두 집단 간에 지능지수(IQ)
차이나 학벌 차이가 얼마나 있겠는가.

　대회 기간에 세계 각국의 미술 교육 현황, 현재의 문제점과 그 해
결책에 대한 논의가 쏟아졌다. 재미있는 사실은 미국부터 아프리카
까지 나라는 달라도 당면한 문제는 거의 비슷했다는 것이다.

　우선, 다들 프로그램 개발은 별 문제 없다는 입장이었다. 각국 정
부 차원에서 수십 억씩 들여서 미술 교육 프로그램을 개발했고 오픈
소스로 공개했다. 나도 동의한다. 요즘 우리나라 미술 교과서를 보면
상당히 괜찮다. 미술의 여러 장르를 잘 통합해 놓았고 제시하는 예시
작들의 수준도 많이 높아졌다.

자화상을 그리거나, 포스터를 디자인하거나, 생활에 필요한 공예품을 만들거나, 찰흙으로 동물이나 그릇을 빚는 것 등은 아주 흔한 프로그램이지만 좋은 프로그램이기도 하다.

문제는 이런 프로그램을 그냥 나열해서 하루는 자화상을 그리고 다음 날은 포스터를 디자인하는 식으로는 미술 교육이 추구하는 목표를 달성하기 어렵다는 데 있다. 세계의 전문가들이 이구동성으로 외치는 것을 요약하면 이렇다.

"각각의 프로그램은 이미 많이 개발됐다. 이제는 누가, 시대에 맞는 어떤 목적을 가지고, 어떻게 가르칠지가 관건이다."

우리나라 공교육에서 미술 교육에 한계가 있다면, 그것은 단순히 미술 교과서에 실린 낱낱의 미술 프로그램이 문제여서가 아니다. 교사들이 아이들과 미술 수업을 하기에 앞서, 본인이 '어떤 교사 교육'을 받고 '어떤 목적'으로 미술 프로그램들을 활용하여 '어떻게' 가르칠지가 문제이다. 다시 말하면, 이런 낱낱의 프로그램을 어떤 맥락을 가지고 어떻게 묶어서 어떤 방식으로 지도할 것인가의 문제이다.

사교육 현장에서도 이 문제는 그대로 드러난다. 우리나라 미술 사교육의 대부분을 담당하고 있는 미술 학원에서 프로그램을 짜는 과정을 상상해 본 적이 있는가? 미술 학원의 미술 선생님들은 대체로 원장을 포함해 2명 내지 많으면 5명 정도다. 미술 학원마다 매월 말쯤이면 다음 달 프로그램을 계획한다. 선생님들이 각자 아이디어를 내기도 하고 원장이 오랫동안 운영하면서 쌓아 온 프로그램들을 동원하기도 한다.

관련 서적을 찾아보기도 하지만, 대체로 매월 프로그램 연구에 투입되는 비용은 고작 책 한두 권을 사서 보는 것이 전부이다. 사실 책 한두 권이라도 사서 보는 것조차 매월 하지는 않는다. 그보다 돈 덜 드는 쉬운 방법이 따로 있기 때문이다.

바로 '네이버' 같은 검색 포털에 들어가는 것이다. 검색창에 '미술 프로그램'이나 '만들기' 같은 검색어를 입력하면 미술 프로그램의 아이디어를 엿볼 수 있는 각종 블로그나 사이트가 뜬다. 그렇다고 이렇게 인터넷에서 얻은 정보를 바탕으로 낱낱의 프로그램을 만드는 것이 문제는 아니다.

미술 학원에서는 그렇게 매달 낱낱의 프로그램을 계획할 수는 있지만, 일 년 치를 통째로 체계적으로 기획하거나 더 나아가 아이들의 연령에 맞는 최소 3년 이상의 장기 프로그램을 만드는 것은 거의 불가능하다. 물론 '3년 치' 프로그램을 가지고 있을 수는 있지만, 관건은 아이들의 발달 과정이나 해당 미술 교육 프로그램 전체의 맥락에 맞는 기획으로 그 3년 치가 체계적으로 되어 있느냐이다.

이런 작업은 개인 차원에서는 거의 할 수가 없다. 내가 예전에 개인 미술 학원을 할 때도 마찬가지였지만, 미술 학원을 운영하는 원장이 월 최소 100만 원이라도 들여서 프로그램을 개발하는 것은 현실적으로 불가능하다. 그러니 이번 달에는 이 프로그램, 다음 달에는 저 프로그램 하는 식으로 수업을 할 수밖에 없다.

유네스코 세계문화예술교육대회에서 언급된 문제도 이런 실태가 반영된 것이다. 비단 우리나라만의 문제가 아니다. 미술 교사를 어떻게 훈련시키고 어떤 방식으로 아이들을 교육할지에 대한 고민은 아직도 명쾌하게 풀리지 않는 숙제인 것 같다.

하지만 부족함을 인정하는 것이 문제 해결의 시작이다. 그리고 내가 만난 대다수의 우리나라 미술 교사들은 어떻게 해서든 이 부족함의 문제를 해결하여 아이들에게 최선의 것을 주고 싶은 순수한 열망으로 가득 찬 사람들이었다.

반면 선진국이라고 불리는, 공교육이 발달한 나라에서는 오히려 미술 교사들이 자기 돈을 들여서라도 자기를 성장시키고 이 문제를 해결하려고 하기보다 정부가 예산을 들여서 자기를 훈련시켜 주기를 바란다.

그렇기 때문에 우리가 해결해야 할 이 모든 미술 교육의 문제에도 불구하고 나는 여전히 우리의 미술 교육의 미래가 밝다고 믿는다. 사람이 제일 중요하니까. 시스템 문제는 해결하면 되는 것이니까.

10장

칭찬에 중독되는 아이들

H는 초등학교 2학년이었다. 나에게 처음 온 날 나는 H가 그리고 싶어 하는 것을 그리게 했다. H는 망설임 없이 화려한 벚나무를 그리고 그 옆으로 소풍 가는 아이들을 그렸다. 나뭇가지가 여러 갈래로 잘 뻗은 모습이나 화려한 벚꽃까지 H의 그림은 분명 또래 아이들의 그림보다 '엄청 잘 그린' 그림이었다. 나는 H가 미술을 좋아하고 또 그림을 잘 그리는 아이라고 생각했다.

H는 다음번에도, 그 다음번에도 벚나무와 소풍 가는 아이들을 그렸다. H의 삶에서 벚나무와 소풍은 어떤 의미가 있었을까? 알고 보니 H는 예전에 다니던 미술 학원에서 선생님으로부터 벚나무 그리는 법과 아이들이 걸어가는 옆 모습을 그리는 법을 '배웠다.' 그리고 엄청나게 '칭찬'을 받았다.

똑똑했던 H는 그것을 잘 외워서 언제나 칭찬 받을 수 있는 안전한 '잘 그린 그림'을 그렸던 것이다. 게다가 그렇게 똑같이 그려서 학교 미술대회에서 상까지 탔으니 두말할 나위가 없다. 한두 번 더 비슷한 주제를 그린 H는 이제 그림을 못 그리겠다고 했다. 밑천이 떨어진 것이다. 다른 주제를 그리면 이 주제를 그릴 때보다 훨씬 못 그릴 게 뻔하기 때문에 다른 주제에 도전하기가 두려웠다.

미술 선생님이 그림 그리는 정답이 있다고 생각하고 아이들에게 자신의 정답을 가르쳐 주면 아이들은 두려움에 사로잡힌다. 나무는 이렇게 그린다, 집은 이렇게 그린다, 꽃은 이렇게 그린다는 식으로 가르쳐 주기 시작하면 세상 만물 그리는 법을 다 배워야 그림을 그릴 수 있다. H처럼, 아직 선생님에게 배우지 않은 대상은 그릴 수가 없다. 아직 답을 모르기 때문이다.

나는 입회 상담을 오는 엄마들에게 아이가 예전에 그렸던 그림을 꼭 가지고 오라고 미리 당부하곤 했다. 아이가 그렸던 그림을 보면 과거에 어떤 문제가 있었고 현재 아이가 무엇을 필요로 하는지 알 수 있기 때문이다. 특히 이미 다른 미술 교육 기관에 다녔던 아이라면 반드시 가지고 오라고 요청했다.

엄마들이 가지고 온 스케치북을 보면 아이가 예전에 다녔던 교육 기관의 성격이 고스란히 드러난다. 어떤 교육 기관은 엄마들이 가지고 온 아이들의 그림이 다 똑같다. 구도나 주제를 잡는 법, 대상을 표현하는 법을 선생님으로부터 주입식으로 배웠기 때문이다. 나무는 이렇게 그리고 사람은 이렇게 그린다는 식으로 배우면 그 학원에 다니는 아이들은 모두 나무와 사람을 똑같이 그리게 된다.

또 다른 흔한 유형도 있다. 그림을 보면 전문가들은 아이가 그린 것인지 선생님이 그린 것인지 안다. 사람 한두 명만 선생님이 그려주어도 그림 전체가 달라 보인다. 그런데 엄마들이 보아도 다 알 정도로 손대지는 않는다. 아이한테 물어보아도 대체로 선생님이 '조금만' 도와주었다고 대답한다. 아이들은 기본적으로 엄마한테 인정받고 싶어 하기 때문이다. 그럴 때도 역시 엄마들은 그 작품이 아이의 작품인 걸로 오해하기 쉽다.

H의 엄마도 H가 학교에서 미술 상장을 받았다며 자랑스러워했다. 상을 받고 보니 H가 미술에 소질이 있는 것 같아서 이제는 좀 더 전문적으로 가르치고 싶어서 수소문 끝에 나를 찾아왔다고 했다.

H가 더 이상 실패를 두려워하지 않고 그리고 싶은 대상을 자유롭게 표현하게 하는 데는 제법 긴 시간이 걸렸다. 차라리 예전에 아무것도 하지 않은 아이는 하얀 도화지와 같아서 실패를 두려워하지 않고 선뜻 새로운 도전을 한다. 마치 스펀지가 물을 흡수하듯 쭉쭉 새로운 자양분을 흡수한다. 그런데 H 같은 유형은 일단 잔뜩 찌들어 있는 잘못된 미술 교육의 때부터 빼야 하기 때문에 훨씬 어렵다.

아이가 그림을 그려 오면 '잘 그렸다'는 칭찬을 자제해야 한다. 아이는 칭찬에 중독된다. 다음에도 칭찬을 받고 싶어서 자기가 잘하지 못하는 새로운 시도를 자유롭게 하지 못한다.

아이가 그림이 잘 늘지 않는다고 선생님한테 급하게 독촉하지도 말아야 한다. 엄마가 자꾸 그러면 선생님은 아이를 빨리 키우고 싶은 유혹에 빠진다. 인스턴트 식품을 먹이면 금방 살찌고, 독한 항생제 주사를 맞으면 감기가 빨리 뚝 떨어지게 마련이다. 하지만 서서히 길러야 하는 체력과 면역력은 물 건너간다.

아이에게 미술 교육을 시킬 때 엄마는 선생님이 무공해 미술 교육을 하고 있는지 아닌지를 잘 살펴봐야 한다. 아이가 얼마나 빨리 크고 있는지 체크해서는 안 된다. 좋은 음식을 골고루 꾸준히 먹으면 튼튼하게 성장하는 것처럼 좋은 미술 교육을 꾸준히 받으면 반드시 효과가 나타난다. 속도는 아이마다 다르다. 그것은 당연하다. 내 아이가 설사 늦더라도 조급해할 필요가 없다. 몇 년 꾸준히 하다 보면 누구나 다 자기 몫만큼 성장하기 마련이다.

11장

그릴 때마다
걸작을 그려야 해!

2015년 한국 여자 골프계에 놀라운 일이 이어졌다. 시즌 개막전부터 한국 출신 선수들이 전 세계 투어 6개 대회에서 연속 우승을 차지했다. 불과 1995년생인 김효주 선수가 LPGA 투어 JTBS 파운더스 컵에서 우승하여 연승의 여섯 번째 주인공이 되었다.

사람들은 김효주 선수가 보여준 드라마에 열광하고 그녀가 대회 우승으로 거머쥘 상금에 주목했다. 하지만 나는 신문에 실린 김효주 선수의 사진과 깔끔한 스윙을 보면서 우리가 보지 못한 '그녀의 시간'을 상상했다.

검게 그을린 피부와, 살짝 올라간 반바지 밑으로 드러난 새하얀 피부를 보면서, 나는 필드에서 보낸 그녀의 시간을 쉽게 상상할 수 있었다. 그녀의 깔끔한 스윙 또한 오랜 마법 같은 시간이 쌓여 만들어진 것이리라. 그녀는 어떤 트레이닝으로 이런 기적을 만들어 냈을까?

골프의 제왕이라고 불리는 잭 니클라우스는 자신의 한계를 뛰어넘는 경기력을 발휘하기 위해 근력 운동과 유연성 운동을 꾸준히 했음을 자서전에서 이렇게 밝혔다.

"내 한계를 극복하기 위해 일주일에 3회씩 규칙적인 웨이트 트레이닝과 유연성 운동을 하였다."

흔히 골프는 특별한 체력이 필요 없고 운동량도 많지 않다고 생각하기 쉽지만, 사실 골프는 한 라운드에 평균 10킬로미터 이상 걷게 되고 시간은 4시간 이상 소요된다. 따라서 골프를 하기 위해서는 기초체력의 근간을 이루는 근력을 강화하는 것이 매우 중요하다. 또 인체의 움직임을 주관하는 근육들은 서로 영향을 미치며 조화를 이룰 때 효율적인 힘을 발휘하기 때문에 근력 강화는 정확한 스윙을 위해서도 필요하다.

여기서 골프 이야기를 꺼낸 이유는 여러 가지 면에서 골프와 미술이 비슷하기 때문이다. 아이들이 미술 학원에 올 때마다 매번 작품을 하나씩 완성하는 것은 사실 골퍼들이 스윙 훈련이나 근력 훈련 없이 매일 18홀 전체를 도는 연습을 반복하는 것과 다를 바 없다.

골프에 근력 운동이 필요하듯 미술도 기본 훈련이 필요하다. 흔히 미술은 연습이나 훈련, 배움으로 나아지는 것이 아니라 타고난 소질과 번쩍이는 영감으로 작업하는 것이라고 오해하기 쉽다. 특히 정교해 보이지도 않고 특정한 형태도 없는 추상화 작품을 대하는 대중은 그렇게 생각하기 쉽다. 왠지 예술가라고 하면 술 한 잔 걸치고 갑자기 받은 영감으로 시를 술술 읊어대는 천재적인 사람일 것만 같다.

그러나 예술은 사실 끝없는 반복 노동에 가까운 작업이 쌓여서 이루어진다. 어느 수준 이상의 시간이 쌓이지 않으면 평범한 정도를 넘어서는 예술이 되지 못한다. 생각은 번뜩일 수 있지만 그 아이디어를 표현하는 수단은 하루아침에 잘 쓸 수 없기 때문이다. 아니, 사실 전광석화처럼 떠오르는 아이디어 역시 어느 날 갑자기 오는 것이 아니라 매일매일의 사색과 고민이 반복되던 중에 문득 선물처럼 받게 된다.

이처럼 미술을 통해 자기를 잘 표현하기 위해서는 그 표현의 수단이 되는 미술 재료와 자신의 머리, 눈과 손을 기본적으로 잘 다루어야 한다. 그리고 무엇이든 한 번에 잘 다룰 수는 없으므로 당연히 반복적인 연습이 필요하다.

아이들이라고 다를 바 없다. 자신이 표현하고자 하는 바가 있어도 눈과 손이 마음대로 움직여지지 않으면 작업이 되지 않는다. 미술도 골프처럼 기초체력 훈련, 근력 운동에 해당하는 작업이 꼭 필요하다. 결국 미술은 머리와 마음, 눈과 손을 움직여서 해내는 것이고, 우리의 몸과 마음은 반복 연습이 없이는 마음대로 잘 움직여지지 않기 때문이다.

하지만 미술 선생님들은 아이들에게 가끔은 작품을 완성하는 대신 반복적인 작은 연습이 필요하다는 것을 알면서도 그렇게 하도록 쉽게 내버려두지 못한다. 그렇게 한 시간을 보내면 그럴 듯한 작품이 나오지를 않고, 그 훈련의 결과물을 엄마에게 보여주면 아이는 엄마한테 이런 말을 듣기 때문이다.

"너 한 시간 동안 이거 그렸니?"

선생님과 학부모 사이에 어지간한 신뢰 관계가 맺어져 있지 않고서는 이런 상황에서 자유로울 수 있는 선생님이 많지 않다. 그래서 좋은 교육이 이루어지자면 부모의 역할이 중요하다. 아이가 어릴수록 교육 기관을 더 신중하게 골라야 하고, 믿을 만한 교육 기관을 선택했다면 선생님과 자주 대화를 나눠서 이해의 간극을 좁혀야 한다.

아이에게 매번 작품을 완성시켜야 한다는 부담감을 떨쳐 버리고 정말 필요한 작업을 할 기회를 주는 용기가 필요하다. 작은 연습들로만 수업을 가득 채워도 충실한 교육으로 인정받을 수 있는 환경이 필요하다. 아이에게도, 선생님에게도.

12장

아이들 그림에
손대지 않는다고?

다행히 요즘은 선생님이 다 그려 주고 마치 아이가 한 것처럼 가장하는 학원이 많지 않다. 엄마들이 점점 더 똑똑해지고 있기 때문이다. 그래서 요즘은 오히려 '우리는 아이들 그림에 손을 대지 않습니다'라고 주장하는 곳이 늘어났다. 아이들 그림에 전혀 손을 대지 않는 것이 마치 자랑인 듯하다. 그런데 누구나 다 동의하는 이 '손대지 않는' 교육 방식도 더 깊이 생각해 보면 사실은 틀린 얘기다.

나는 초등학교 2학년 때 처음 미술 학원에 갔다. 멀뚱멀뚱 앉아 있는 나에게 원장님이 노란 크레파스를 하나 주며 스케치를 하라고 했다. 매일 그날의 주제가 정해져 있었고 아이들은 모두 주제에 대한 밑그림을 먼저 그려야 했다. 밑그림을 다 그리면 선생님에게 그림을 가지고 가서 소위 '검사'를 받았다. 선생님은 아이들의 그림을 보며

"여기에 나무를 몇 그루 더 그려 봐" 또는 "이 사람은 다리를 좀 더 길게 그려" 등의 지시를 했다.

선생님이 말하는 대로 그림을 고쳐 그린 후에는 다시 밑그림에 대한 검사를 받았다. 선생님의 마음에 들어야 '통과'가 되고 색칠해도 된다는 허락이 떨어졌다. 색칠을 다 하면 다시 검사를 받았다. 선생님은 "이 부분의 색칠이 아직 다 안 됐네. 다시 해" 또는 "이 부분은 좀 더 진하게 칠해 봐" 등의 '가르침'을 주셨고 아이들은 다시 선생님의 말씀대로 고쳤다. 색칠 검사를 통과해야 바탕칠을 할 수 있고 바탕칠이 끝나면 마지막 검사를 받고 그날 수업을 마칠 수 있었다. 그런 절차를 통해 우리는 그림을 '잘 그리는' 아이가 되어 갔다.

그런데 여기서 한번 생각해 보자. 선생님은 분명 아이의 그림에 전혀 손을 대지 않았다. 하지만 그 작품은 사실 선생님의 작품이지 아이의 작품이 아니다.

「구엘 공원」과 「사그라다 파밀리아」 등으로 유명한 스페인의 천재 건축가 가우디. 다음 쪽에 보이는 「구엘 공원」은 가우디 특유의 곡선 형태의 건축물과 형형색색의 타일 모자이크로 이루어져 있다. 그런데 「구엘 공원」의 타일 하나하나를 가우디가 직접 붙인 것일까? 당연히 아니다. 수많은 타일공이 가우디의 아이디어와 지시에 따라 타일을 붙였을 것이다. 그럼 이 「구엘 공원」은 누구의 작품인가? 직접 손으로 작업한 타일공의 작품인가, 아니면 말로만 지시한 가우디의 작품인가?

구엘 공원

예술은 누구의 손으로 만들어졌는가에 따라 작가가 결정되는 것
이 아니다. 누구의 아이디어와 누구의 기획인가, 누구의 지시에 따라
이루어졌는가가 그 작품의 작가를 결정한다. 그렇기 때문에 미술 선
생님이 아이의 작품에 전혀 손을 대지 않았어도 만약 선생님이 여기
에 나무를 몇 개 더 그려라, 이 부분은 좀 더 진하게 칠해라, 사람은
이렇게 그려라라고 하면, 그것은 아이의 작품이 아니라 선생님의 작
품이 되는 것이다.

미술 치료의 세계적인 선구자 이디스 크레이머(Edith Kramer)는

저서『치료로서의 미술(*Art as Therapy*)』에서 '세 번째 손(The Third Hand)'이라는 개념을 소개한다. 아이는 두 개의 손이 있다. '세 번째 손'은 선생님이 아이의 세 번째 손이 되어 주는 개념이다.

우리가 나무를 깎아 조각품을 만들고자 할 때, 내 손으로 또는 손톱으로 나무를 깎을 수 없기 때문에 칼을 사용해서 나무를 깎는다. 이때 이 조각품의 작가는 칼인가 나인가? 칼은 단지 도구일 뿐이다. 내 손으로 정교한 작업을 할 수 없을 때는 컴퓨터를 사용한다. 그래도 그 작품의 작가는 여전히 컴퓨터가 아니라 '나'이다.

아이들이 표현하고자 하는 바가 있어도 어떤 한계에 부딪힐 때 선생님이 이 '세 번째 손'이 되어 주는 원칙만 잘 지킨다면 아이의 작품을 도와주어도 된다. 아이의 '머리'가 되어 선생님이 작업의 방향을 결정하는 것이 아니라 단지 아이의 '손'이 되어 주면 된다.

예를 들어 아이가 우드락으로 건축물 만들기에 도전한다고 하자. 직접 칼로 우드락을 자르기가 너무 위험하면 아이가 그린 대로 선생님이 잘라 주어도 된다.

물론 아이들이 직접 자기 눈과 손을 움직여서 해내는 것이 의미가 있으므로 안전 장갑을 끼고 조심스럽게 칼 다루는 법을 배우는 것은 훌륭한 배움의 기회가 된다. 하지만 A부터 Z까지 모두 아이의 손으로 직접 해내야 한다는 강박관념을 벗어 버리면 아이들은 훨씬 더 멋진 작업에 도전할 수가 있다. 우드락을 칼로 자르는 것만 도와주면 접착제로 붙이고 채색하는 것은 아이가 할 수 있듯이 말이다.

아이의 작품에 손을 대고 안 대고가 중요한 것이 아니다. 관건은 엄마나 선생님이 어떤 의미로 도와주느냐이다. 손을 전혀 대지 않고 말만 해도 아이의 작품이 침해당하기도 한다. 반면 손을 대서 그려주더라도 아이를 성장시키는 훌륭한 도움이 되기도 한다.

13장

누구를 위한
미술 대회인가?

첫아이를 초등학교에 입학시키면 엄마에게는 모든 것이 긴장의 연속이다. 아이가 행여나 지각해서 선생님한테 혼날까 봐 가슴 졸이기도 하고, 알림장에 뭐라고 쓰여 있는지 읽고 또 읽기도 한다. 준비물이라도 있는 날이면 문방구로 달려가 뭐 하나라도 빠질세라 목록을 꼼꼼히 확인하며 사곤 한다.

아이가 다른 친구들과 잘 사귀고 학교에 잘 적응하는지도 걱정이고, 요즘 언론에서 많이 떠드는 것처럼 혹시 왕따 같은 것을 당하지나 않는지 신경도 쓰인다. 또 내 아이가 수업 시간에는 어떻게 하고 있는지 궁금해 죽을 지경이다.

그러니 입학 후 첫 번째 공개 수업 날이면 시간이 허락하는 거의 대부분의 엄마들이 학교에 간다. 선생님과 눈도장도 찍어야 하고 다른 엄마들하고 안면도 터 놓아야 정보에서 소외되지 않기 때문이다.

시간 맞춰 교실에 가 보면 엄마들이 교실 뒤편에 우루루 몰려 서 있다. 엄마들이 교실에 들어서자마자 하는 것은 아이와 눈을 맞추고 손을 흔드는 것이고 두 번째로 하는 것은 교실 뒤편에 붙어 있는 미술 작품 중에서 내 아이의 작품을 찾는 일이다. 행여나 내 아이의 작품만 없거나 다른 아이들의 작품에 비해 '엄마 눈에' 뒤쳐져 보이면 그 날로 결심을 한다.

"미술 학원에 보내야겠어!"

대부분의 학교에서는 이런저런 행사나 대회로 아이들의 그림을 평가해 상을 준다. 아이가 미술로 상이라도 타면 엄마는 그렇게 신이 난다. 그런데 학원에 보내서 미술 교육을 따로 시키는데도 아이가 상을 타지 못하면 크게 실망을 하게 마련이다. 그러고는 이렇게 생각하게 된다.

"미술 학원을 바꿔 볼까? 아니면 우리 애는 아예 소질이 없는 것 같으니 돈 낭비하지 말고 일찌감치 때려치울까?"

이러니 테크닉을 위주로 가르치는 동네 미술 학원들은 대부분 미술 대회의 유혹에서 자유롭지 못하다. 일부 큰 단체나 기관에서 주최하는 굵직한 대회를 제외하면 미술 대회도 돈벌이로 전락된 지 오래라는 것을 아는 사람은 다 안다.

그런 시시껄렁한 대회들은 참가비를 받으며 웬만해선 떨어뜨리지 않고 다 뽑아서 상을 준다. 그리고 뽑힌 아이들에게는 액자비 명

목으로 다시 돈을 받는다. 동네 미술 학원들은 학원 입구에 커다랗게 현수막을 걸어서 누구누구가 상을 받았네 하면서 그걸 마케팅에 활용하는 교묘한 상술을 펼친다.

예전에 한국아동미술학회 이사로 있을 때, 정부 산하 기관이나 대기업에서 주최하는 굵직한 미술 대회 심사 위원으로 몇 번 참가해 본 적이 있다. 대회 성격에 따라, 또는 주최하는 기관에 따라 초빙되는 심사 위원의 수준이나 스타일이 다르긴 하나, 내가 목격한 모든 심사 위원들이 아이들의 작품을 앞에 놓고 고르는 기준은 거의 동일하다. 우선 다음 두 가지에 해당하면 무조건 제외한다.

1. 어른이 손을 댄 작품.
2. 어디서 베낀 작품.

어른이 손을 댔는지 어디서 베꼈는지는 대부분의 전문가는 척 보면 안다. 입으로 이리저리 지시했으면 모를까 어른이 직접 손을 대 그려 주었으면 미세한 필압의 차이라도 나게 마련이다.

예전에 아이들을 직접 가르칠 때, 새로 들어오는 아이들에게 전에 다닌 미술 학원에서 사용한 스케치북이 있으면 꼭 갖고 오라고 했다. 스케치북에 있는 그림들은 대부분 심각한 상태였다. 그림에 문제가 있어서가 아니라 선생님이 대신 그려 준 부분이 많아서였다. 아이들이 그린 그림에다 주요 인물 한두 명만 선생님이 그려 주어도 그림 전체가 완전히 달라 보인다. 문제는 엄마들이 그걸 모른다는 것이다. 그 그림이 아이의 실력인 줄 안다. 나를 찾아온 엄마들은 첫 달에 아이의 본래 수준이 드러나면 당황했다.

"어, 유명하다는 선생님한테 보냈는데 그림이 왜 나빠졌지?"

그래서 나는 늘 첫날 상담을 할 때 예전 스케치북을 가져오라고 했다. 엄마와 충분히 상담을 하고 나면 이런 오해가 사라졌다. 엄마는 그림을 볼 줄 아는 눈이 없는 것이 당연하고, 그런 엄마의 눈으로 아이의 그림을 평가하면 틀린 판단을 할 수밖에 없다.

마찬가지로 각종 대회에서 상을 타고 못 타고는 심사를 누가 하느냐에 따라 달라진다. 엄마들이 목을 매는, 학교에서 주는 미술상은 당연히 학교 교사와 교장, 교감이 뽑는다. 대체로 이분들은 미술 전문가가 아니다. 그러니 제발 교실 뒤편 게시판에 붙어 있는 그림이나 학교에서 주는 상에 일희일비하지 말자. 그거 아무것도 아니다.

정말 아무것도 아니면 차라리 다행이다. 비전문가가 심사하는 상에 아이들의 마음과 안목이 좌우되면 좋은 그림에 대한 기준이 잘못되어 버린다. 그 부작용이 더 큰 문제다.

학교에서 '불조심 포스터 그리기' 대회나 '과학의 날 상상 그리기' 대회라도 있으면 각 동네 미술 학원마다 전쟁이다. 엄마들이 학원에 와서 대회 준비를 해 달라고 한다. 학원 선생님 입장에서는 아이들마다 서로 다른 아이디어와 작품을 뽑아 내야 하는 게 여간 골칫거리가 아니다. 그런데 사실 더 큰 문제는 선생님 본인의 양심상의 갈등이다.

선생님이 손을 대서라도 아이가 상을 타게 해 달라는 엄마들이 여전히 존재한다. 엄마들은 아이가 상을 타면 자신감이 생길 거라며 선생님에게 도와달라고 하지만, 사실은 정반대 현상이 생긴다. 아이들은 다 알기 때문이다. 자기 힘으로 타 낸 상이 아님을.

그러면 아이에게는 세 가지 문제가 생긴다. 첫 번째 문제는 양심의 가책이다. 나는 사람들을 속였다는 양심의 가책. 두 번째 문제는 자신감의 결여이다. 자신감은 성공 경험에서 생긴다. 그런데 그 성공 경험이 자신이 혼자 직접 한 경험이 아니면 다음에 다시 시도했을 때 혼자 해내리라는 보장이 없다. 혼자 다 해도 상을 탔을지 모를 아이인데 선생님이 도와줘서 상을 타면 오히려 자신이 해냈다는 성공 경험을 박탈당하고 만다. 세 번째 문제는 수상 경험에 붙들려 버린다는 것이다. 아직 갈 길이 창창한 아이들인데 어떤 그림을 그려서 상을 타면 다음에도 똑같은 스타일과 주제를 고집하기 쉽다.

누구랄 것도 없이 내가 바로 초등학교 때 그랬다. 우주가 주제인 어느 대회가 있었는데 나는 바탕칠을 할 때 보통 아이들이 흔히 칠하는 검정색 대신, 빨주노초파남보 무지개색 물감으로 서로 확 번지게 자신 있게 칠했다. 그때 나는 대상을 탔다. 그 이후로 우주라는 주제로 그림을 그릴 때마다 내가 바탕칠을 어떻게 했겠는가?

아이들의 미술 대회 참가는 신중해야 한다. 어른들의 세계에서조차, 음악에는 콩쿠르가 있고 스포츠에는 올림픽이나 월드컵이 있지만 미술에는 1등, 2등을 겨루는 대회가 없다. 어떤 특정한 성격의 상을 주는 경우는 있으나 누가 더 잘 그린 그림인지 겨루는 대회는 없다.

그만큼 미술은 정답이 없는 세계이고, 그 때문에 미술만이 아이들에게 해 줄 수 있는 것이 있다. 바로 무한한 상상의 세계를 펼쳐 보이는 것과 자신만의 답을 찾아 나가는 것. 남과 똑같이 하는 것이 아니라 나만의 색깔을 찾는 것. 정답이 정해져 있지 않기 때문에 내 것이 정답이 아니라고 좌절할 필요가 없는 것. 남들만큼 못한다고 실망하지 않아도 되는 것. 아이들을 꼭 한 가지 정답의 잣대로만 평가하지 않고 아이의 다양한 존재 자체를 기뻐하는 것. 아이를 정답에 가두어 분재처럼 키우지 않고 들판의 소나무처럼 마음껏 하늘을 향해 자라게 하는 것. 그것이 미술, 아니 미술만이 할 수 있는, 아이들에게 해 줄 수 있는 일상의 기적이다.

이런 일상의 소중한 기적을 일으키는 시간을 버려 두고 그 시간에 미술 대회 준비나 해서야 되겠는가? 하지만 오늘 할 좋은 프로그램을 팽개치고 미술 대회 준비를 해 달라고 하는 엄마들이 있으니, 조금이라도 의식 있는 선생님들은 그저 갑갑할 수밖에 없다.

미술 대회, 알고 나가자. 내 아이에게 독이 되는지 약이 되는지. 아이가 미술 상장을 들고 나풀나풀 뛰어서 집으로 오면 기뻐하되 거기에 너무 일희일비하지 말자. 내 아이는 그깟 상장 하나로 평가 받을 존재가 아니니!

14장

고학년이면 입시 미술을
시켜야 하는가?

근래에 검색 포털 사이트 네이버에 '뿜'이라는 공간이 생겼다. 주로 웃기고 재미있는 일상 콘텐츠로 구성된 그 공간에는 갖가지 사연들이 올라온다. 그런데 어느 날 '뿜'에 우리 교육원에 다니는 아이의 그림이 올라왔다.

어떤 엄마가 그림과 함께 사연을 올린 것이다. 엄마의 글에서 아이가 아트앤하트를 다닌다는 말은 없었는데 사진을 잘 들여다보니 그림 귀퉁이에 아트앤하트 로고 스티커가 붙어 있었다. 그 그림 역시 아트앤하트 프로그램에 나온 그림이었다. 일곱 살 정도밖에 안 된 아이가 에펠탑 사진을 보고는 얼마나 열심히 그렸는지, 디테일과 정성이 감동적이었다. 그림을 확대해서 자세히 보니 틀림없는 아이의 필체였다. 어른이 대신 그려 준 것이 아니었다!

아이가 이 작품을 완성하기까지 몰입했을 시간과 다 완성했을 때 느꼈을 전율이 나도 느껴졌다. 많은 사람들이 칭찬 댓글을 올렸다. "정말 아이가 그린 것이냐", "믿을 수 없다", "천재군요", "아이의 소질을 잘 키워 주세요" 등등.

그런데 황당한 일이 벌어졌다. 사람들의 소나기 같은 칭찬을 받은 엄마가 아이의 그림을 들고 입시 미술 학원에 가서 상담을 받았다는 것이다.

"우리 아이에게 이제 좀 더 전문적인 교육이 필요한 것 같아서요."

이런 파릇파릇하고 보들보들한 아이에게 입시 미술이라니! 그런데 사연에 달린 댓글 중에, 아이를 입시 미술 학원에 보내겠다는 엄마를 말리는 댓글은 거의 없었다. 아마도 다들 입시 미술 학원은 무언가 더 전문적이고 차원이 높은 미술을 가르치는 곳이라고 생각하는 듯 했다. 나는 절망했다.

내가 대학을 들어갈 무렵, 미대 입시생들은 하루에 보통 다섯 시간 이상 그림을 그렸다. 서양화든 동양화든 디자인이든 전공에 상관없이 공통 실기는 주로 석고 데생이었다. 공통 실기와 함께 전공 실기도 있었는데, 서양화 전공의 실기 시험은 주로 정물 수채화였고, 디자인 전공의 실기 시험은 포스터 컬러 물감으로 하는 '구성' 작업이었다.

나는 서양화 전공으로 시험을 준비했기 때문에 하루 종일 그리는 것이라고는 아그리파, 줄리앙, 비너스 같은 석고상과 사과, 배추, 벽

돌 등 정물 수채화 시험에 나올 법한 각종 사물이었다.

정말 지겹도록 그렸다. 나중에 아그리파 정도는 보지 않고도 그릴 경지에 올랐다. 아예 달달 외워서 그릴 수 있었기 때문에 시험장에서 아이들은 실제로 자기가 앉은 자리에서 보이는 석고상의 모습 대신 자기가 평소에 자신 있게 그리는 각도를 외워서 그리기도 했다.

반복의 힘은 그 정도다. 미술에 눈곱만큼도 소질이 없는 아이만 아니면 이런 테크닉을 고등학교에 들어가서 익혀도 3학년 때는 누구나 다 그릴 수 있게 된다. 그러니 대학 선택을 좌우하는 것은 사실상 거의 성적이었다. 성적은 학교를 결정하고 실기는 당락을 결정한다고나 할까?

아무튼 문제는 이 수채화와 데생이 꽤 오래된 '구식 미술'이라는 것이다. 그리고 이 수채화와 데생으로 이루어진 입시 미술에는 아무런 감동이 없다. 이런 방식의 입시 미술은 미술적 재능을 가진 아이들을 선발하는 데 별로 도움이 안 될뿐더러, 기계적인 주입식 테크닉이 오히려 아이들이 가진 미술적 재능을 죽이기까지 한다는 것을 모르는 대학 교수는 거의 없을 것이다. 그래서 다행히 이제는 이런 무식한 방법으로 신입생을 선발하는 미술대학이 전국에 아무데도 없다. 심지어 홍익대 미대는 아예 실기 시험을 없애 버렸다. 이런 식으로 테크닉만 발달한 아이들을 선발하는 것이 의미가 없었던 것이다.

그렇다면 서울대는 어떨까? 서울대 미대의 2013년 수시 기초 소양 실기 평가 문제는 다음과 같다.

2013학년도 서울대학교 수시모집 기초소양실기평가 고사 문제

학과(부): 동양화과, 서양화과, 조소과   고사 시간 : 4시간

과학, 예술, 문화, 종교, 역사, 철학 등의 분야에서 나타나는 다양한 구(球 : 공처럼 둥글 게 생긴 물체, 또는 그런 모양)를 생각하며 각각의 조건에 맞게 그리시오.

〈문제 1〉
세 가지 '구'를 그리시오. (검정색 볼펜만을 사용)
● 평가 기준 : 독창적 사고력, 창의적 발상 능력

〈문제 2〉
〈문제 1〉에서의 '구' 하나를 선택하여 위치를 이동시킬 수 있는 도구나 기계를 고안하고 이를 설계하여 그리시오. (주어진 모든 용구를 자유롭게 사용)
● 평가 기준 : 문제 해결 능력, 입체적 사고력

〈문제 3〉
'구'가 있는 풍경을 그리시오. (주어진 색연필 혹은 모두 혹은 일부 사용, 볼펜은 제외)
● 평가 기준 : 색채 표현 능력, 공간 표현 능력

● 유의 사항 :
 - 용지를 아래 그림과 같이 자로 이등분하여 칸을 나누고 해당 칸에 각각 그린다.
 - 나누어준 재료와 도구 이외에는 사용하지 않는다.
 - 책상 위 모조지는 연습지로 활용할 수 있다. (평가 대상이 아님)

● 용지 방향 : 가로

수험번호	
문제 1	문제 3
문제 2	

서울대 미대 입시는 더 이상 단순한 반복 훈련으로 얻을 수 있는 손의 테크닉만을 보지 않는다. 누군가가 더 '잘' 그렸다고 뽑히지 않는다. 아주 오랫동안 남다른 독창적인 생각의 습관을 들이고, 창의적인 표현 방식에 익숙해져야만 한다.

그런데 왜 미술 학원들은 초등학생을 상대로 버젓이 옛날 입시 미술을 가르칠까? 소비자가 원하기 때문이다. 소비자가 외면하는 상품은 자연히 도태된다. 그런데 소비자가 세상의 변화를 몰라서 아직도 그것을 찾기 때문이다. 소비자가 MSG를 달라고 하면 식당 주인들은 그냥 MSG를 넣는다. 원가도 절감되고 소비자가 원하니까!

그리고 사실 MSG를 넣지 않고는 맛을 내는 법을 모를 수도 있다. 왜냐하면 지금 아이들을 가르치는 미술 선생님 가운데 태반이 이런 가짜 아동 미술을 경험하며 성장했기 때문에. 그리고 그 잘못된 경험을 토대로 자신이 짠 프로그램으로 아이들을 가르치고 있기 때문에.

그러니 소비자가 먼저 똑똑해져야 한다. MSG와 천연 조미료가 뭐가 다른지 구별하지 못하면 아이들만 고생한다.

15장

창의력에 대한 미신

온 세상에 창의력 열풍이 불고 있다. 아마도 스티브 잡스로 인해 더 본격적으로 불이 붙은 것 같은 이 '창의력'이라는 용어가 이제는 진부하게 느껴질 정도다. 하도 남들이 창의력, 창의력 하니까 너도나도 '창의'라는 글자가 달려 있는 곳을 쳐다보게 되고 눈치 빠른 사람들은 자신의 상품에 '창의'라는 포장을 입힌다.

미술 교육도 마찬가지다. 어느 순간 동네마다 '창의 미술'을 한다고 홍보하는 미술 학원이 늘어났다. 방과 후 미술 교실에도 '창의 미술'인지 '일반 미술'인지를 표시한다. 아마도 다양한 재료를 사용해서 그리기, 입체조형, 콜라주, 판화, 공예 등 폭넓은 장르를 다루는 수업은 '창의 미술'이라고 하여 수채화, 데생같이 반복해서 특정한 기능을 기르는 미술 수업과 구별하는 것 같다.

남들이 하도 창의력, 창의력 하니까 뭔가 창의적인 것을 해야만 할 것 같은데 사실은 창의력이 무엇인지조차 헷갈린다. 비슷한 말로 상상력이란 것도 있고 창조력이라는 것도 있다. 무엇이 어떻게 다른가? 이 세 가지를 우선 구분할 수 있어야만 창의력에 대해 이야기할 수 있을 것 같다.

먼저, 상상력을 살펴보자. 국어사전에서는 '실제로 경험하지 않은 현상이나 사물에 대하여 마음속으로 그려 보는 힘'이라고 정의한다. 그래서 상상력은 무한하다. 확산적 발상이라고 말할 수도 있다. 전제가 없는 상태에서 어떤 엉뚱한 생각이든 할 수 있다.

반면 창의력에 대한 정의는 한 가지로 딱 통일된 것이 없는 것 같다. 누군가는 그랬다. 창의력을 한마디로 정의할 수 있으면 이미 창의력이 아니라고. 그래도 여기저기서 쓰이는 창의력이란 단어를 곱씹어 보면 적어도 우리 세대에서 오늘 무엇을 의미하는지는 짐작해 볼 수 있을 듯하다.

창의력을 국어사전에서 찾아보면 '새로운 것을 생각해 내는 능력'이라고 되어 있다. 우리가 창의력이라는 말을 쓸 때는 우선 '새롭다'라는 뜻을 담고 있다. 누군가가 이미 다 생각해 낸 것을 창의적이라고 말하지는 않는다.

그리고 그 새로운 생각은 새로운 것에 그치지 않고 문제 해결을 멋지게 해내는 것이라야 한다. 즉 창의력은 상상력과 달리 어떤 문제가 주어졌을 때 그것을 해결할 수 있는 수렴적 사고를 필요로 한다.

예를 들어 고층 빌딩 유리창을 닦는 창의적 방법을 고민한다고 하자. 어떤 아이는 버튼 하나로 그 빌딩 전체가 엘리베이터처럼 지하로 들어가게 하겠다고 말한다. 그러면 유리창 닦는 사람은 그냥 1층 지면에 서서도 위아래로 고층 빌딩을 움직이며 유리를 닦을 수 있을 것이다. 이것은 상상력은 뛰어나지만(기발하고 현실에 존재하지 않는 어떤 것을 그려냄) 창의적인 방법은 아니다. 고작 유리창 하나를 쉽게 닦자고 고층 빌딩 전체를 엘리베이터처럼 지상과 지하로 움직이게 만드는 것은 현실적인 문제 해결 방법이 아니기 때문이다.

문제 상황이란 어떤 극과 극에 있는 두 가지 요구를 모두 충족시켜야 하는 상황이다. 돈은 없는데 마케팅을 잘해야 한다든지, 시간은 없는데 화장을 예쁘게 해야 한다든지, 펜은 없는데 글씨를 써야 한다든지 하는 상황이다. '돈을 많이 쓸 수 없다'와 '마케팅을 잘해야 한다'라는 두 가지 양극단을 모두 만족시켜야 하는 것이다.

그래서 창의력이란 상상력을 동원해서 여러 가지 새로운 방법들을 확산한 후에 문제 해결에 맞는 어떤 것을 찾아내는 능력이라고 할 수 있다. 위에서 언급한 고층 빌딩 유리창 닦는 방법처럼 무조건 새로운 생각을 해낸다고 창의력이 뛰어난 것은 아니다. 창의력은 상상력에 문제 해결력이 더해진 것이다.

여기서 잠깐 아이들의 창의력에 대해 생각해보자. 창의력에 '기존에 없던 새로운 것'이라는 개념이 들어가 있다면 아이들에게 창의력이 있을 수 있는가? 아이들은 '기존의 것'도 아직 다 배우거나 알지 못하는데 기존에 없던 것을 어떻게 생각해 낼 수 있겠는가?

최인수 교수의 『창의성의 발견』이라는 저서에는 아동의 창의성에 대한 이런 의문이 잘 제시되어 있다. 그의 결론에 따르면 아동의 창의력은 성인의 창의력과 달리 '자신의 발달 한계를 넘어서는 것'으로 정의할 수 있다. 발달이 완성된 어른들은 세상에 이미 나와 있는 것을 넘어서야 하지만, 아이들은 발달 단계별 자신의 한계를 넘어서는 어떤 것을 생각해 내거나 이루는 것을 창의성(창의력)이라고 정의할 수 있다. 따라서 아동의 창의력 교육에는 자신의 한계를 넘어서도록 격려하는 것이 반드시 포함되어야 할 것이다.

마지막으로, 창조력은 창의력에 실행력(action)의 개념이 추가된 것이다. 창의력이 아이디어라고 한다면 창조력은 그 아이디어에 실행력이 더해져야 한다. 아이디어를 생각해 내는 것에 그치지 않고 용기, 도전정신, 의지, 끈기, 책임감 등을 더해 어떤 것을 끝까지 완성할 수 있는 능력을 의미한다.

한국 사회는 오랫동안 창의적 인재보다 모범생을 길러 왔다. 기존의 룰에 문제 제기를 하고 새로운 룰을 생각해 내는 아이보다는 기존의 룰을 착실하게 따르는 아이가 학교에서 칭찬받는다. 선생님이 수업 시간에 알려주는 답을 그대로 적는 아이가 선생님이 생각하지 못한 답을 적는 아이보다 좋은 점수를 받는다. 떠들지 말라고 하고 가만히 있으라고 하고 선생님 말씀을 들으라고만 한다.

집에서도 마찬가지다. 어지르는 아이보다는 정리정돈을 잘하는 아이가 칭찬을 받고 엄마 말에 '왜?'라는 질문을 하기보다 엄마 말을 무조건 잘 듣는 아이가 이쁨을 받는다. 그래서 엄마들은 갈등이 생긴다. 엄마는 사실 말을 잘 듣는 아이가 좋다. 하지만 사회에서는 자꾸만 창의력을 외쳐댄다. 한편으로는 아이가 내 말을 잘 들었으면 좋겠는데 다른 한편으로는 내 말을 너무 잘 듣는 것이 걱정이 된다.

나는 현재 한국 사회에서 부모 노릇이나 선생님 노릇을 하기 힘든 이유는 우리가 딱 낀 세대이기 때문인 것 같다. 오히려 부모 세대에서는 이러한 갈등이 없었다. 모범생이라는 가치 기준에 따라 양육된 부모 세대는 우리를 그들처럼 모범생으로 만들려고 했으니까 적어도 가치 혼란 같은 건 별로 겪지 않았다.

문제는 지금의 30~40대이다. 그들은 오직 성적으로 표현되는 넘버원(number one, 1등 중심)의 경쟁 시대를 살아 왔다. 그래서 오랜 세월 동안 몸에 배인 넘버원 위주의 사고, 즉 성적 지상주의, 완벽 지상주의, 정답 신봉의 태도를 하루아침에 버릴 수가 없다. 하지만 우리의 아이들은 넘버원의 시대를 살아야 하는 것이 아니라 온리원(only one, 유일한 각자)의 시대를 살아야 한다.

그러니 부모와 선생님들은 머리로는 아이들이 창의적 인재가 되어야 한다고 생각하면서 무의식적으로는 아이들에게 정답을 강요하고 기존의 룰을 따르라고 한다. 본인들이 창의력을 키우는 방식으로 자라거나 교육 받지 못했으므로 대다수가 창의력에 대한 잘못된 미신을 가지고 있을 수밖에 없다.

내가 볼 때 엄마나 선생님들이 흔히 가지는 창의력에 대한 가장 심각한 미신은 창의력을 키우려면 무조건 새로운 것을 계속 접해야 한다고 생각하는 것이다. 그래서 미술 교육 현장에서 반복적인 프로그램으로 수업을 하면 학부모의 항의가 들어오곤 한다.

그런데 사실 다섯 살 아이들에게도 자화상 그리기가 필요하고 열 살 아이들에게도 자화상 그리기가 필요하다. 고전『삼국지』를 중학교 때 읽는 것과 성인이 되어 읽는 것은 감흥이 아주 다르듯이, 미술도 설령 똑같은 프로그램이라도 다섯 살 때 하는 것과 열 살 때 하는 것은 효과가 다르다.

만약 비교적 단기간에 같은 프로그램을 반복한다면 처음 할 때 제대로 하지 못했던 아쉬운 부분을 다시 하면서 더 잘할 수 있게 되어 자신의 한계를 넓혀 나갈 수 있다. 아동의 창의력은 자신의 한계를 넓히는 것이므로 아동의 창의력 교육에는 반복의 개념이 반드시 들어가야 한다.

또한 반복은 창의력과 아주 깊이 연관되어 있는 내면적 동기를 키우는 데에도 필수적이다. 내면적 동기는 외부의 보상 없이도 즐거워서 스스로 기꺼이 어떤 일을 하게 되는 계기를 의미한다. 공부든 블록 쌓기든 미술이든 반복을 통해 점점 더 잘할 수 있게 되어야 그 활동 자체의 참 재미를 느껴서 내면적 동기가 자란다. 창의력은 즐거워서 스스로 기꺼이 마음을 내어 할 때 성장하는 것이기 때문에 반복을 통한 숙련의 즐거움으로 이런 내면적 동기를 키워야 한다.

그런데 현실에서는 이런 것이 받아들여지기가 어렵다. 엄마들은 매번 새로운 경험을 아이들에게 주고 싶어 한다. 반복은 창의력에 역행하는 것이라고 생각한다. 이런 시장의 요구 때문에 현장에는 일회성 체험들이 넘쳐난다. 체험이라고 이름 붙이기도 어색한 '경험'을 나열하는 상품들이 대부분이다.

주말에 나들이 삼아 가서 진흙 물레도 한 번 돌려 보고(도자기 만드는 흉내도 내 보고) 염색도 한 번 해본다. 이렇게 '한 번 해보는' 것을 체험으로 생각하고 다시 다른 자극을 찾아 나선다. TV 연예 오락 프로그램처럼 매번 새로운 흥밋거리를 제공해야만 만족한다.

아이들은 그렇게 진흙 물레를 한 번 돌려볼 때 창의력이 생기는 것이 아니다. 몇 날 며칠 반복해서 물레를 돌리며 처음에는 매번 실패하다가 마침내 흙 반죽을 고른 두께로 조절하는 능력을 가질 때 창의력이 생긴다. 그제야 비로소 흙의 물성과 자신의 몸을 조절하는 법을 몸으로 느껴 알게 되고 이런 깊은 체험은 평생 동안 잊지 않는 아이의 자산이 된다. 비록 시간이 걸리더라도 진득하게 몸에 아로새겨야 한다.

'놀이'를 해야만 창의적이라고 여기는 미신도 같은 맥락에 있다. 여기서 사람들이 주로 말하는 '놀이'는 공부나 책 읽기나 앉아서 몰두하는 미술 작업과 달리 시끌벅적하고 확산적인 일회성 활동을 말한다. 미술을 하더라도 퍼포먼스 위주의 활동적인 미술을 놀이미술이라고 하니까 말이다. 또는 '놀이 교구'를 사용하는 활동을 '놀이'라고들 한다. 주변에서 많이 볼 수 있는 '놀이학교'에서 하는 것은 사실상 진정한 놀이라기보다는 놀이 교구를 사용하는 학습 활동인 경우가 많다.

진정한 놀이는 '재미있는 일을 하며 즐겁게 지내는 것'을 의미한다. 즐거워서 자신이 기꺼이 스스로 선택한 행위를 하는 것이 놀이이다. 그래서 진정한 놀이는 일과 공부와 놀이의 경계가 없다. 책 읽고 공부하는 것이 즐거우면 그것이 놀이이고 데이터를 분석하는 업무를 할 때 가장 즐거우면 그것 또한 놀이이다. 가장 창의적인 집단 중의 하나인 구글도 얼핏 보면 업무 시간에 당구를 치고 수영을 하며 노는 것 같지만 주말에 업무와 관련 있는 이메일을 보내면 거의 대부분이 30분 안에 답장을 한다고 한다.

요약하자면, 아이들의 창의력을 성장시키는 데에는 새로운 일회성 경험을 계속 제공하는 것보다 반복이 필요하다. 반복으로 숙련도를 높여 가며 행위 자체의 즐거움을 느끼는 과정을 통해 내면적 동기가 자라고, 내면적 동기가 있어야 창의력이 자라는 심적 환경이 만들어진다. 또한 창의력은 시끌벅적하게 놀아야만 자라는 것이 아니다. 소리치며 놀아야 즐거운 아이들이 있는가 하면 조용히 내면을 탐구하는 과정에서 재미를 느끼는 아이들도 있다.

어떤 성향의 아이에게든 미술은 창의력을 키우는 가장 좋은 방법이다. 창의력의 기초가 되는 상상력은 이미지를 떠올리는 능력이며, 이미지를 만들어 내는 미술이라는 작업은 당연히 상상력을 키워 준다.

또한 미술은 창의력의 필수 요소인 새로운 문제 해결력을 키워 준다. 선생님을 똑같이 따라할수록 칭찬 받는 것이 아니고 선생님과 다르게, 새롭게 표현해야 하는 작업이기 때문이다. 창의력을 원한다면 창의력을 가르친다는 학원을 다닐 게 아니라 일단 미술을 하자. 언어로 표현할 수 없는 내면의 어떤 것이 종이 위에 펼쳐지는 순간 창의력이 꿈틀꿈틀 싹을 틔우기 시작한다.

3부

아이의 정서 발달에
맞는 미술 교육

16장

쨍하고 해 뜰 때 빨래를 말리자

아동 발달의 민감기에 맞는 양육

남편은 빨래를 하면 꼭 사고를 쳤다. 흰 옷과 검은 옷을 섞어 빨아서 하얀 셔츠를 칙칙하게 만들어 놓지를 않나 자기 니트를 세탁기에 돌려서 아들이나 주어야 될 사이즈로 바짝 줄여 놓지를 않나.

하지만 내가 20년 가까이 가르쳐서 남편도 나름 세탁기 사용하는 법을 익혔고, 나도 남편의 그런 노력을 감사하게 여길 줄 알 만큼 철이 들어 이제는 빨래 때문에 토닥거리는 일이 없어졌다.

그런데 말은 못하지만 여전히 속으로 답답할 때가 있다. 남편은 하필이면 해가 좋지 않은 날에 13킬로그램 세탁기가 꼭 차도록 빨래를 넣어 돌려 버리곤 한다.

특히 여름 장마철에 빨래를 잔뜩 해서 널면 하루 이틀이 지나도 빨래가 마르지 않고, 겨우 다 마른다 해도 빨래에서 냄새가 나기 쉽다. 그러면 다시 빨아야 한다. 수고도 두 배로 해야 하고 세제 값이며 전기료도 몽땅 두 배가 든다.

그러니 무슨 일이건 타이밍을 잘 맞추는 것이 굉장히 중요하다. 타이밍을 잘 맞추면 크게 수고하지 않아도 큰 결실을 얻을 수 있다. 반대로 타이밍을 놓치면 돈은 돈대로 쓰고 고생은 고생대로 하지만 결과가 좋지 못하다.

아동 발달에 있어서도 타이밍이 제일 중요하다. 지금 기어 다니는 아기를 붙잡아 앉혀 놓고 미분, 적분 가르쳐 봐야 소용없다는 것은 모두가 알고 있다. 또한 성장판이 다 닫히고 나면 그때는 돈과 시간을 아무리 써도 키를 키우기가 쉽지 않다는 것도 알고 있다. 아동학자들을 그 시기를 결정기 혹은 민감기라고 부른다. 예전에는 결정기라는 말을 썼는데 이 말이 너무 '결정적'이라고 여겨졌는지 요즘은 민감기라는 말을 쓴다.

특정 부분의 발달이 특정 시기에 더욱 민감하게 이루어진다는 뜻이다. 쇠는 달구어졌을 때 치고 빨래는 해가 쨍하고 뜰 때 말려야 한다. 아직 달구어지지 않은 쇠는 아무리 쳐 봐야 모양이 제대로 나오지 않고 꾸물꾸물한 날에는 빨래를 말려 봐야 제대로 마르지 않는다.

미술 치료실에 찾아온 엄마와 아이들을 보면서 제일 답답했던 것이 바로 이 민감기를 무시한 양육이다. 지금 대부분 발달하면 더 이상 발달하지 않는 게 있고 나중에 얼마든지 발달할 수 있는 게 있다.

그런데 지금 발달시켜야 하는 적기의 것들은 제쳐두고 나중에 발달시켜도 되는 것에 매달려 타이밍을 놓치는 엄마들이 있다.

가장 대표적인 것이 정서 발달과 인지 발달의 뒤바뀐 순서이다.
정서 발달과 인지 발달을 딱 이분해서 볼 수는 없지만, 대체로 정서
발달이 먼저 충분히 이루어지고 나서 인지 발달이 이루어진다.

쉽게 말하면 아이들이 어릴 때는 학습을 강조하기보다 자존감이
나 공감 능력 같은 따뜻한 마음 능력, 정서적인 능력을 먼저 튼튼하
게 키워야 한다. 그래야 그 비옥한 마음 밭의 토양에 인지 학습의 나
무가 자란다.

밭이 황폐하면 나중에 아무리 좋은 나무를 심어도 자랄 수가 없
듯이 어릴 때 정서적인 능력을 키워 놓지 않으면 커서 아무리 공부를
시켜도 밑 빠진 독에 물 붓기요 모래 위에 성 쌓기다.

뭐든지 자발적으로 하지 못하고 쉽게 좌절하고 스트레스를 이기
지 못하고, 자기 스스로 시간 관리를 하지 못한다. 부모와 갈등이 심
한 아이 치고 커서 공부 잘하는 아이는 거의 없다.

공부도 공부지만 어른이 되었을 때 이런 아이들은 직업적으로 성
공하기도 어렵다. 자발적이지 않고 쉽게 좌절하고 자기 관리도 안 되
고 팀원들과 갈등이 심한 직원이 내 회사의 직원이라면 어떻겠는가?
상상하기도 싫은 일이다.

요즘은 엄마가 만든 성적으로 좋은 대학을 가기도 하니 대기업
인사 담당자들은 그렇게 스펙만 좋은 가짜 인재를 솎아내느라 고민
이 깊다. 물론 업무 배정 후 몇 달만 있으면 바로 표시가 나지만 신입

사원을 교육시켜서 업무에 배정하기까지 드는 시간과 비용이 수백에서 천만 원 단위가 되므로 고민하지 않을 수 없다.

아이들은 공부를 20년 넘게 해야 한다. 지금 다섯 살, 여섯 살쯤 된 아이라면 제도권에서 공식적으로 공부를 해야 하는 기간이 아직 16년 넘게 남아 있다.

그러니 지금은 더 빨리 달리라고 종용하기보다 잘 먹이고 잘 재워서 기초체력을 튼튼하게 만들고 운동화 끈도 단단히 묶어 주고 준비 체조도 열심히 시켜야 하는 때이다. 이런 것들이 다 정서 능력이 된다. 자기 가치감, 자신감, 자율성, 창의력, 상상력, 문제 해결력, 공감 능력, 사회성 등이다.

지금은 A, B, C, D, … 알파벳이나 영어 단어를 달달 외우고 덧셈, 뺄셈에 매달릴 때가 아니다. 스스로 무엇이든 자발적으로 하며 실패를 두려워하지 않는지, 가치 있는 활동에 30분 이상 몰입할 수 있는지, 자기를 건강하게 표현할 수 있는지, 행복감을 느끼며 사랑받는다는 확신이 있는지, 생각을 자유롭게 하는지, 문제가 생기면 해결 방안을 스스로 탐구하는지가 훨씬 더 중요한 시기이다.

잘 모르겠으면 내 아이의 표정과 행동을 보라. 아이가 혹시 자주 징징거리거나 짜증을 낸다면 이상 신호이다. 초등학교에 입학했는데도 아침에 엄마가 깨워 주어야 한다면 이상 신호이다. 전날 밤에 미리 자기 손으로 다음 날 기상 시간에 맞춰 알람 시계를 설정하고, 아침에 더 자고 싶고 졸리더라도 알람 소리를 듣고 일어날 줄 아는 것이 모든 자기 관리의 시작이다.

아이가 아직 스스로 일어날 줄도 모른다면 지금 시키는 영어, 수학 공부는 별 볼 일 없다. 엄마가 꼭두각시처럼 끌고 가는 공부 실력은 중학교 1학년 말이면 대개 바닥이 드러나기 때문이다.

이런 정서 능력들은 6, 7세가 되면 그 토대가 거의 다 완성되며, 이때 결정된 태도는 삶의 전 영역에서 작용한다. 엄밀히 말하면 3세경에 많은 부분이 결정된다.

그러니 엄마들이여, 정신 바짝 차리고 옆집 엄마의 설레발에 휘둘리지 마시기를! 마라톤을 뛸 아이에게 지금 전력질주를 강요하지 마시기를. 지금은 무조건 아이의 정서 능력을 튼튼하게 키워 주는 데 전념해야 한다는 것을 명심하시기를. 그럼 이제, 정서 발달에 맞춰 적기에 해야 하는 미술 교육이 어떠해야 하는지, 아동 발달을 이해하면서 함께 알아보자.

17장

출생부터 3세까지
엄마랑 미술 놀이로 애착과 자기 가치감을 키우는 시기

아기는 시도 때도 없이 울어댔다. 배가 고파도 울고 졸려도 울고 오줌을 싸서 엉덩이가 축축해도 울었다. 도대체 왜 우는지 알아야 내가 뭘 해 주지. 젖병을 물려 봤다가 기저귀도 들추어 봤다가, 그래도 안 그치면 안고 달래 보다가 급기야 나도 함께 울면서 한밤중에 병원 응급실을 찾아간 적도 있었다. 그런데 아무리 해도 울음을 안 그치던 아기가 맨발에 슬리퍼를 끌고 나온 응급실 레지던트 선생님을 보자마자 방긋방긋 웃는 게 아닌가.

아기가 어릴 때 내 소원은 아기가 얼른 자라 말이 통하는 것이었다. 말만 통하면 소원이 없겠다 싶었다. 놀자 하면 놀아 주고 배고프다 하면 밥 주면 되니까. 아기야 해 달라는 대로 다 해 줄 테니 제발 나에게 말을 좀 해다오!

내 나이 스물세 살. 나는 초등학교를 일곱 살에 들어가고 대학교 졸업식을 하기 두 달 전에 결혼을 하는 바람에 겨우 스물세 살에 아기 엄마가 되었다. 애가 애를 키우는 꼴이었다.

나는 서점에서 사 온 두꺼운 육아 서적을 끼고 살았다. 목욕물 온도 맞추기, 분유 타기, 기저귀 삶기 등 아기 엄마가 알아야 하는 것은 수도 없이 많은데 학교에서는 배운 적이 없었다. 오죽하면 엄마 학교가 있었으면 좋겠다 싶었으랴!

그 이후로 미술 치료와 심리 치료를 공부하며 아동 발달에 대해 알아갈수록, 나는 심오한 공부까지 하지 않아도 정말 딱 이것만 알면 엄마가 아이를 키우는 것이 훨씬 즐거워지는 '기본'이 있다는 것을 알게 되었다. 그 '기본'은 바로 아기가 우리에게 온 순간부터 자라나 어른이 되어 우리 품을 떠날 때까지의 과정에 대한 이해이다. 고리타분한 이론 서적 제목 같은 '아동 발달에 대한 이해'이다.

아동 발달은 심리학과에서도 한 학기 내내 배워야 할 정도의 과정이지만 여기서는 그중 딱 몇 장에 대해서만 얘기하고자 한다. 아이를 이해하고 행복한 엄마가 되는 데에는 이 정도면 충분해 보인다. 이제부터 설명하는 내용을 따라해 보셔도 좋을 듯하다(나는 이것을 교사 워크숍 때마다 들려준다).

자, 지금부터 과거로 돌아가 보자. 어제, 일주일 전에, 일 년 전에, 대학교 때, 고등학교 때, 중학교 때, 초등학교 때, 유치원 다닐 때, 엄마 품에서 젖 먹을 때, 엄마 뱃속에서 나오던 날, 그리고 엄마 뱃속에 있을 때까지.

당신은 지금 태아이며 엄마 뱃속에 있다. 따뜻한 양수 속에 있다. 당신은 어떤 자세를 취하고 있는가?

"오그리고 있어요."

"주먹을 꼭 쥐고 있어요."

"꼼지락거리고 있어요."

지금 기분은 어떠한가?

"편안해요."

"심심해요."

"밖에서 큰 소리가 들리면 깜짝깜짝 놀라요."

"포근해요."

이런 하루하루를 보내고 있는 당신에게 어느 날 갑자기 출산이 찾아온다. 양수가 터지기 시작한다. 나를 둘러싸고 있던 물이 줄줄 새 나간다. 자궁이 수축을 시작한다. 지금 아기인 당신의 기분은 어떠한가?

"무슨 일인지 어리둥절하고 불안해요."

"무서울 것 같아요."

출산이 점점 더 진행되면 엄마의 고통은 참을 수 없는 지경에까지 이른다. 때로는 산모가 크게 소리를 지르기도 한다. 엄마가 숨을 잘 쉬지 못하여 아기에게 산소가 충분히 공급되지 않을 때도 있다. 한편, 자궁벽은 아기를 쥐어짜서 밀어낸다. 머리가 산도에 부딪히고 조여든다. 출산은 길게는 열 시간이 넘게 걸린다. 지금 아기인 당신의 기분은 어떠한가?

"힘들어요."

"아파요."

"무서워요."

"무슨 일인지 몰라 불안해요."

마침내 자궁 문이 열리고 아기는 머리부터 세상으로 나온다. 온몸이 미끄러지듯 쑥 빠져나온다. 아기는 버둥대며 마침내 큰 소리를 터트린다.

"으앙."

처음 느껴 보는 공기가 폐로 들어온다. 눈을 떠 보니 형광등이 막 눈에 비친다. 불빛도 생전 처음 느낀다. 아직 시력이 완성되지 않아 정확한 형태를 볼 수는 없어도 무언가 처음 보는 괴물들이 왔다갔다 한다. 여기는 도대체 어디인가? 지금 당신의 기분은 어떠한가?

"무서워요"

"불안해요"

"뭔지 모르게 불편해요."

나는 (모르긴 몰라도) 이런 기분으로 세상에 왔다. 이제 어떡하지?

그런데 세상에 온 지 얼마 지나지 않아 기분이 어떻든 간에 배가 고파진다. 본능인가 보다. 배가 고파서 앙앙 울고 있으니 처음 보는 괴물이 다가와서 나를 안고 젖을 먹인다.

일단 먹고 보자. 뭐라도 먹고 나니 기분이 좀 나아진다. 배가 부르니 이제는 졸리다. 졸리기는 하고 잠은 안 오는 그 사이에 또 기분이 좋지 않아서 칭얼거리니 이번에도 그 괴물이 다시 나타나 나를 꼭 안아 재워 준다.

실컷 자고 눈을 뜨니, 아뿔싸, 이상하게 엉덩이가 축축하고 기분이 몹시 나쁘다. 이번에도 기분이 나빠 찡찡거리니 아까 그 괴물이 다시 나타나 축축하던 것을 싹 치워 준다.

어! 이상하네. 아무튼 다시 배가 고파지고 어김없이 그 괴물이 다시 나타나 배가 불러진다. 졸릴 때면 그 괴물이 나를 재워 준다. 또 배고프면 즉시 배가 불러지고, 엉덩이가 축축하면 어김없이 그 괴물이 다시 나타나 뽀송뽀송하게 만들어 준다. 이렇게 하루, 이틀, 일주일, 한 달, 두 달이 지난다.

자, 이제 당신은 그 괴물을 알아보지 않겠는가? 이 낯선 행성이 어떤 곳인지는 잘 모르겠지만 그 괴물만 있으면 아무튼 살 수는 있겠다는 생각이 들지 않겠는가?

그 괴물은 누구인가?

그렇다. 엄마다. 정확하게 말하면 주(主) 양육자다. 엄마든, 할머니든 보모든 주 양육자다. 인간의 심리사회적 발달 단계를 정립한 에릭슨(Erick Erikson)은 사람이 태어나서 0~1세에 반드시 이루어야 하는 발달적 과업이 '세상에 대한 신뢰감'이라고 했다. 세상은 나를 사랑한다는 신뢰, 내가 힘들 때면 세상은 나를 도와준다는 신뢰, 나는 안전하다는 신뢰 등이다.

이 신뢰감이 생겨야 탐색도 하고 언어도 배우고 성장이 이루어질 것 아닌가! 낯선 도시에 처음 가서 그곳이 안전하다는 확신, 내가 이곳에 쭉 살아도 되겠다는 확신이 들지 않으면 그 도시에서 사람을 사귀고 공부를 하는 것이 가능하겠는가? 따라서 아기들이 태어나서 제일 처음 해내야 하는 미션이 바로 세상에 대한 신뢰감 갖기이다.

배고프면 젖 주고, 뭐든 불편하면 해결해 주고, 눈 맞춰 주고, 웃어 주고, 똥을 싸든 오줌을 싸든 한밤중에 울어대든 언제나 하트 뿅뿅 나오는 눈으로 바라보며 원하는 것을 들어 주어야 신뢰감이 생긴다. 이리하여 마침내 아기가 가지게 되는 것을 '애착'이라고 한다.

이런 애착을 통해 생기는 것이 흔들리지 않는 자기 가치감이다. 자기 가치감이란 자기 자신의 가치에 대한 스스로의 평가이다. 이 자기 가치감은 결국 '나는 사랑 받을 만한 가치가 있어'와 관계있다.

자기 가치감은 사람이 태어나서 가장 무력하고 찌질하고 무능할 수밖에 없는 '아기' 시절에 누군가의 절대적인 '무조건적 사랑'을 받았던 경험으로부터 발달한다. 이 무조건적 사랑은 '잘나나 못나나 내 새끼 정신'이다. 내 아이가 공부 잘하고 말 잘 들으면 사랑하고, 공부 못하고 말썽 피우면 사랑하지 않는 것, 즉 '조건적 사랑'이 아니라 어떤 상황과 결과를 보이더라도 내 자식이니까 그냥 무조건 사랑하는 것. 이것이 있어야 아이들의 자기 가치감이 자란다.

요즈음 엄마들은 아이가 잘했을 때 칭찬하는 것은 잘한다. 내가 치료실에서 지켜본 바로는, 엄마들의 문제는 칭찬이 부족해서, 즉 엄마가 늘 미지근하거나 차가워서 문제가 아니라, 너무 뜨거웠다 차가웠다 해서 문제다.

아이가 뭐든 조금이라도 잘하면 한껏 추켜세웠다가도 좀 잘못하기라도 하면 바로 야단쳐서 아이들은 롤러코스터를 타는 기분이 된다. 엄마가 나를 사랑한다는 자신이 없어지고 불안해지는 것이다.

그런데 자기 가치감이 왜 중요할까? 자기 가치감이 튼튼하게 발달하지 못하면 타인의 평가나 환경에 따라 자기의 가치가 올라갔다 내려갔다 하게 되기 때문이다. 예를 들어 시험에서 100점을 받으면 자기 가치감이 높아지고 50점을 받으면 자기 가치감이 떨어지는 식이다.

하지만 신권 5만 원짜리 지폐를 구겼다고 5만 원이 1만 원이 되지는 않는 것처럼, 시험에서 50점을 받았다고 아이의 인생이 50점이 되는 것은 아니다. 그런데도 많은 사람들은 이것을 착각한다. 그래서 심지어 어떤 아이들은 시험 점수가 떨어졌다고 스스로 삶을 포기하기도 한다.

사회가 점점 더 다양해지고 복잡해짐에 따라 실패 없이 단번에 성공하기는 불가능해진 지금, 실패를 겪을 때마다 그것을 어떻게 받아들이고 극복하느냐가 성공으로 가는 관건이 되었다. 실패했을 때 스스로를 사랑하는 마음이 흔들리지 않고 자신의 존재 가치를 자기 행위의 결과에 두지 않아야만 다시 도전할 수 있고 궁극적으로는 원하는 목표를 이룰 수 있다. 그리고 이것이 바로 인생의 초반부에 자기 가치감을 튼튼하게 만들어 두어야 하는 이유이다.

요컨대, 태어나서 3세까지는 무조건 아기가 원하는 것을 즉시 수용하고 맞춰 줄 것. 눈 맞춰 주고 웃어 주고 사랑스러운 손길로 스킨십 해 줄 것. 엄마에게 매우 피곤한 무슨 사정이 있는지 아무리 설명해도 아기는 이해하지 못한다. 그러니 아무리 힘들어도 배고프다면 젖 주고 졸리면 재워 주고 놀자면 놀아 주라! 지금 좀 힘들어도 나중에 애 잘못 키워서 고생하는 것보다 100배 낫다!

이때 형성되는 애착이 자기 가치감을 만들고, 자기 가치감은 평생을 살아가는 동안 수많은 실패를 견디게 해 주는 튼튼한 마음 면역력이 된다. 커서 어떤 직업을 가지든 어떤 일을 당하든, 마음 면역력만 튼튼하면 얼마든지 다시 도전할 수 있고 마침내 원하는 목표를 이룰 수 있다.

애착 형성기에는 아이가 형체를 알아볼 수 있는 그림을 그릴 수 없으므로 아이에게 그림을 대신 그려 주지만 않으면 된다. 엄마가 그림을 대신 그려 주면 아이는 그림 그릴 의지가 꺾여 버린다. 오감을 통해서 두뇌가 발달하는 시기이므로 엄마와 함께 눈으로 보고, 손으로 만지고, 냄새 맡고, 소리를 듣고, 맛을 볼 수 있는, 이른바 오감을 동원하는 미술 놀이를 하는 것이 좋다. 다 만들어진 장난감보다는 찢고, 그리고, 붙이는 미술 재료로 재밌게 같이 놀면 된다.

18장

3세부터 5세까지
스스로 하는 미술 작업으로 자율성과 자신감을 키우는 시기

3세 이전에 애착을 통해 자기 가치감이 만들어진다면, 3세 이후부터는 자율성을 통해 자신감이 형성된다. 앞에서 주인공으로 활약하던 '나'로 돌아가 보자. 낯선 행성에 떨어진 '나'는 웬 괴물 하나의 지고지순한 무조건적 사랑으로 이 행성에 대한 신뢰감을 형성해서 드디어 '아, 이 행성에 정 붙이고 살아도 되겠구나'라는 마음이 든다. 이 행성에 정착하기로 마음먹은 뒤에 하는 일은 '탐색'이다.

아기는 이제 슬슬 여기저기를 탐색하기 시작한다. 신생아 때는 누워서 아무것도 하지 못하다가 뒤집고, 기고, 걸으면서부터 비로소 본격적인 탐색 활동에 돌입한다. 이 탐색 활동이 바로 그 이름도 유명한 '저지레'이다. 걷기 시작한 아기는 집 안 곳곳을 돌아다니며 닥치는 대로 정체를 확인한다. 걷기 시작했다는 것은 아기 인생에 큰

변화가 생겼다는 의미이다. 누워서 세상을 한번 보라. 그리고 일어서서 세상을 보라. 세상이 완전히 다르게 보인다. 또 내 발로 걸어가서 궁금한 것을 해소하고 내 손으로 무엇을 집는다는 것은 엄청난 변화가 아기에게 일어난 것이라고 할 수 있다.

이때 이 자율성을 통해 본격적으로 발달하는 것이 '자신감'이다. 무엇이든 스스로 해 보려는 의지가 생기면서 세 살 정도 되는 아이들은 '싫어, 내가 할 거야'라는 말을 자주 한다.

자신감은 성공 경험에서 나온다. 어느 한 분야에서 성공 경험이 쌓이면 쌓일수록 자신감은 커진다. 여기서 한 가지 주목해야 할 것이 있다. 엄마들이 흔히 하는 착각인데, 이때 자신감이 커지자면 성공 경험 자체가 중요한 것이 아니다. '내'가 한 성공 경험이라야 한다.

자신이 혼자서 해낸 것이 아니고 엄마가 도와서 해낸 것이라면 나중에 혼자서 같은 것을 반복할 경우 반드시 성공하리란 보장이 없다. 따라서 누군가의 도움이 들어간 성공 경험은 자신감에 도움이 되지 않는다. 아니, 오히려 독이 된다. 차라리 안 해 봤으면 자신이 할 수 있을지 없을지 모른다. 그런데 누가 도와줘서 해내면 그건 확실히 자기 혼자서 하지 못할 일이라는 뚜렷한 증거가 된다.

그래서 아기가 아장아장 걸으며 세상을 탐색하기 시작하면 아기가 무엇이든 혼자서 하도록 기회를 주어야 한다. 밥을 혼자 떠먹고 옷도 혼자 입고 세수도 혼자 하고 장난감도 혼자 치우는 등 아이가 스스로 하도록 기회를 주어야 한다.

그런데 보통의 한국 엄마들은 마음이 급하다. 어린이집 갈 시간은 다 되었는데 아직도 옷은 한쪽 팔만 끼우고 있고 밥도 세월아 네월아 하면서 먹고 있으면 속이 터지고 열불이 난다. 차라리 엄마가 해 주고 마는 게 훨씬 편하다. 이럴 때 급하다고 엄마가 자꾸 대신해 줘 버릇하면 3년 편하려고 했다가 30년 고생하게 된다는 것을 명심하시라.

크게 위험하거나 남들에게 피해를 주는 것만 아니면 그냥 허용해도 된다. 집에서는 아이가 혼자서 떠먹게 하다가 밖에서 외식할 때면 옷이 더러워질까 봐 일일이 먹여 주는 엄마도 있다. 그런데 잘 생각해 보자. 아기 옷이 더러워졌을 때 창피하고 싶은 사람은 엄마인가, 아기인가?

아기에게는 더할 수 없이 좋은 훈련의 기회인데 엄마 창피할까 봐 그 기회를 박탈한다. 남의 눈 때문에. 어린이집에 갈 때 옷을 고르는 것도 마찬가지다. 어떤 아이는 더운 날 자꾸만 긴팔 옷을 입고 가려고 떼를 쓰거나 내복을 입고 가려고 한다. 뭐, 좀 더운들 어떠랴.

그냥 아이가 하려는 대로 두어도 된다. 더운 날 긴팔 옷을 입고 가서 땀을 삐질삐질 흘려 봐야 '아~ 이래서 사람들이 여름에는 반팔 옷을 입는구나'라고 알게 되니까. 아니면 적어도 엄마가 다른 걸 권할 때 귀 기울이는 게 좋다는 것을 알게 될 것이다.

유치원 때 엄마가 옷을 골라주고 밥을 떠먹여 주는 아이들은 초등학교에 들어가면 아침에 스스로 일어나지 않고 스스로 숙제를 해

가지 못한다. 초등학교 때 엄마가 준비물을 다 챙겨주는 아이는 중학교에 들어가서 스스로 공부하지 않는다. 또 중학교 때 엄마가 학원과 동아리 활동을 골라주는 아이는 고등학교에 들어가면 스스로 진로 선택과 입시 준비를 하지 못한다. 고등학교 때 과외 선생님과 학원을 엄마가 골라주고 대학과 전공도 엄마가 선택해 주는 아이는 대학 졸업 후 취업을 스스로 하기 힘들다. 결국 서른 살이 넘도록 엄마가 용돈을 주어야 하고 결혼한 뒤에도 생활비를 대 주어야 한다. 아이가 일명 '헬리콥터 부모'의 자녀로 자라게 될 확률이 높다.

세 살 버릇 여든 간다고 하지 않던가! 평생의 습관이 결정되는 세 살 때 의존적이었던 아이가 서른 살이 되면 갑자기 독립적인 존재가 되리라 기대하는 것 자체가 말이 되지 않는다. 지금 딱 결정하라. 아이를 평생 따라다니면서 챙길 것인지, 수준이 어떻든 간에 스스로 자신의 최선을 다하는 아이로 키울 것인지.

결론은 이렇다. 자기 가치감 + 자신감 = 자존감. 애착을 통해서 자기 가치감을 키워야 평생 어떤 실패에도 끄떡없게 되고, 자율성을 통해서 자신감을 키워야 무슨 일에든 용기 있게 도전하게 된다. 이 자기 가치감과 자신감이 모여서 이루어지는 것이 바로 자존감이다.

「아이의 사생활」을 제작하는 과정에서, 수많은 실험과 이론을 맞닥뜨리면서 아이의 운명을 가르는 결정적 조건이 바로 자존감이라는 사실을 터득할 수 있었다. 자신의 소중한 가치를 알고 스스로의 능력을

믿고 노력하는 아이야말로 인생의 행복과 성공을 찾을 수 있는 사람이
었다.

– 『아이의 자존감』 '여는 글' 중에서

아기가 아장아장 걷기 시작하는 때부터 만 5세 전까지 무엇이든
스스로 도전해서 성공하고 실패하는 경험을 충분히 쌓아야 한다. 성
공의 경험으로부터 자신감이 생기고 실패의 경험으로부터 면역력이
생기기 때문이다. 미술은 이 시기의 아이들이 도전하여 성공하고 반
영구적인 성공 결과물(작품)을 통해 자신의 성공 경험을 지속적으로
강화할 수 있는 거의 유일한 활동이므로 아이들의 자존감을 키우는
데 안성맞춤이다.

그렇다면 이 시기의 미술 교육은 어떠해야겠는가? 자율성을 바
탕으로 자신감을 획득하는 게 이 단계의 미션이라면, 미술 교육 또한
이 미션을 달성하는 데 최적화되어야 한다. 자신감은 자율적인 성공
경험에서 나온다. 성공 경험은 자신이 무언가 성공했다는 피드백이
확실할수록 강화된다.

예를 들어 낙서를 해도 신문지에 하는 낙서와 백지에 하는 낙서
중 어느 쪽이 더 성공 경험이 강화되겠는가? 물론 백지를 써야 한다.
신문지를 쓰면 비용이 약간 절감될지 몰라도 신문지의 이미 인쇄된
내용과 아이가 직접 그리는 내용이 헷갈려서 아이는 성공 경험을 정
확히 피드백 받기 어렵다.

3〜5세 아이들의 작품

또 손에 묻지 않는 흐린 색 크레용이 좋을까, 아니면 손에 묻더라도 색이 진하게 나오는 크레파스가 좋을까? 엄마가 편하기 위해서라면 어떨지 몰라도 아이가 성공 경험과 인과관계를 발견하기 좋은 재료는 손에 잘 묻는 부드러운 크레파스이다. 따라서 이 단계의 미술 프로그램은 무형의 퍼포먼스보다 결과가 눈에 남는, 즉 작품이 나오는 프로그램이 좋다. 그래야 성공 경험이 더 확실해지고 뿌듯함이 커진다. 또 여럿이 함께 작업해서 누구 덕분에 성공했는지 헷갈리는 것보다 자신의 성공을 잘 확인할 수 있는 개인 작업이 더 좋을 것이다.

특히 이 나이의 아이들에게 구체적인 형태가 나와야 하는 프로그램은 좋지 않다. 왜냐하면 아직 구체적인 형태를 그리지 못하는 아이들인데 구체적인 형태를 그리도록 '지도'하거나 '권유 내지 강요'하면 아이들은 자신이 그림을 못 그린다고 생각하기 쉽다. 그러면 자신감이 형성되기 어렵다. 그러니 이런 난화기의 아이들에게 엄마나 선생님이 나비나 꽃, 자동차 등을 그려 주거나 따라 그리게 하지 말자. 그러지 않으면 아이들이 어느새 '난 그림 못 그려'라는 말을 하게 되고, 잘못된 미술 교육의 부작용은 고치는 데 오랜 시간이 걸린다.

아트앤하트의 교육원 시설 및 비품 지침에는 어른들이 그린 일러스트나 캐릭터 같은 것을 쓰지 못하도록 하는 규정이 있다. 대부분의 유아 교육 현장에서 흔하게 사용하는 캐릭터 상품들(공룡 무늬 벽지, 뽀로로 컵이나 앞치마 등)을 못 쓰게 하는 이유는 거기에 그려진 그림들이 아이들의 상상력을 방해하기 때문이다. 아직 그림을 잘 그리지 못하는 것이 당연한 어린아이들은 엉성한 동그라미에 줄 몇 개를 그어 놓고 '나무'를 그렸다고 뿌듯해 하는 것이 정상이다. 그런데 그 옆에 떡하니 어른이 그린 멋진 나무 그림이 있으면 아이가 어떤 생각을 하겠는가? 금세 아이는 자기가 그린 것은 나무가 아니라는 생각을 하고 만다. 그리고 이 시기의 필수 미션인 자신감 발달에 방해가 된다.

19장

5세부터 7세까지

다양한 재료의 입체 조형으로 상상력과 문제 해결력을 키우는 시기

태어나서 엄마의 무조건적 사랑을 통해 애착을 형성하고, 애착으로 자기 가치감을 형성한 후, 자율성을 통해 자신감까지 형성하면 인생의 튼튼한 반석인 자존감이 확립된다.

이 든든한 밑천을 준비한 아이는 이제 말도 제법 할 수 있게 되고 자기 스스로 무엇이든 해 보려는 의지가 생긴다. 그러다 6세 이후가 되면 뇌의 시냅스 구조가 더욱 복잡하게 얽히고 발달하면서 대뇌 신피질이 최고로 조밀해진다.

이 아이가 나중에 커서 무엇이 될지 모르므로 조물주가 일단 수없이 많은 방을 만들어 놓고 7세 이후부터는 자주 쓰는 필요한 방만 남기고 나머지는 정리에 들어간다고 비유할 수 있다.

그림 발달을 보아도 이 시기는 소위 표현의 황금기라고 할 만큼

정형적이지 않은 그림을 그린다. 원근법과 실제 크기를 무시하거나
실제 색과 다른 색을 쓰기도 한다.

대개 나이가 들수록 그림이 점점 정형화되어 남들이 알아볼 수
있게 되지만, 이 시기에는 남들이 잘 알아보지 못하더라도 자신만의
개성이 담긴 그림을 그리는 경향이 뚜렷하다. 단, 나쁜 미술 교육을
받지 않았으면 말이다(나쁜 미술 교육의 폐해는 심각하다. 아직 뇌가 말랑말
랑한 아이들에게 나무 그리는 법, 집 그리는 법, 자동차 그리는 법을 '가르쳐' 주
어서 모두가 사물을 똑같이 그리게 만든다).

천재는 7세 때 결정된다는 말도 있다. 만 5세가 넘으면 시냅스 발
달이 거의 완성된다. 그러므로 이때 충분한 오감 및 전뇌 자극 환경
을 통해 뇌 발달을 끌어올려야 한다.

그런데 우리는 아직 초등학교도 들어가지 않은 아이들에게 영어,
수학 등 교과 학습 위주의 공부를 시켜 좌뇌만 발달시키고 있지 않은
가? 아이에게 나비의 아름다운 날갯짓과 알록달록 신비로운 색깔에
매료되는 기회를 주기보다는 '이건 호랑나비야, 저건 뿔나비야' 하
고 지식을 늘리는 데 치중하고 있지 않은가?

휴일에 박물관에 가 보면 목에 목걸이 볼펜을 걸고 수첩을 들고
열심히 학교 숙제를 하는 아이들을 볼 수 있다. 아이들은 유리 진열
장 안에 있는 고려청자의 오묘한 빛깔을 감상하지 않는다. 엄마는 아
이 옆에서 불러주고 아이는 진열장 옆에 붙어 있는 설명 글을 베끼기
바쁘다. 마음에 드는 작품이 있으면 그 앞 의자에 앉아서 하염없이

바라볼 수 있는 여유도, 스스로 그 오묘한 빛깔의 차이와 아름다움을 찾아낼 의지도 없기 때문일 것이다.

하지만 아무리 달달하고 입맛에 맞는 콜라라도 내 생명을 서서히 갉아 먹는다는 것을 알면 지금부터라도 콜라 대신 생수로 바꿔 마셔야 한다. 잘못된 식습관에 길들여진 어른들에게도 마찬가지지만, 아직 입맛이 딱 굳어지지 않은 아이들에게 일부러 콜라를 줄 필요는 없다. 아이들이 TV와 컴퓨터 게임으로 생각의 입맛을 버려 이런 잔잔한 경험을 지루하다고 느끼기 전에 얼른 담백한 경험들을 제공해 주어야 한다.

나는 여섯 살이나 일곱 살, 즉 초등학교 입학 전이 거의 마지막 기회라고 생각한다. 초등학교 입학 전에 꼭 미술이나 책 읽기 같은 자극적이지 않은 잔잔한 경험을 3년 이상 충분히 누리게 해야 한다. 뇌가 거의 완성되는 이때가 마지막 기회이기 때문이다.

TV, 컴퓨터 게임, 그리고 상상력이 끼어들 여지가 없는 정형화된 장난감, 놀이공원처럼 자극적이거나 더 편한(생각할 필요없이 정답을 알고 외우기만 하면 되니까 뇌의 입장에서는 편하다) 것들에 가급적 노출되지 않도록 멀리하고 끊임없이 머리를 써야 하는 활동을 해야 한다. 이 시기에 상상력과 문제 해결력을 극대화해야 한다.

그래서 실제 자동차와 똑같이 생긴 미니카보다 아이가 직접 블록으로 만든 자동차를 가지고 노는 것이 더 좋고, 블록으로 만든 자동차보다는 아이 스스로 우유팩을 이어 붙이고 병뚜껑으로 바퀴를 만

7세 아이의 작품

들어 붙인 자동차를 가지고 노는 것이 더 낫다. 흔히 '만들기'라고 불리는 입체 조형 작품은 3차원적인 사고를 해야 완성할 수 있기 때문이다. 이런 작품 하나를 만들자면 앞, 뒤, 옆, 위 모습까지 빠짐없이 상상하고 구현해 내야 한다. 게다가 '무엇을 만들까?'부터 '색종이로 만들까, 마분지로 만들까?', '이건 풀로 붙일까, 테이프로 붙일까?'까지, 수많은 의사 결정 과정을 거쳐야 한다. 그래서 이 시기의 미술 교육은 그림 잘 그리기를 강요하거나 가르치기보다 다양한 재료를 접하게 하고 입체적인 작품을 만들 기회를 주는 것이 더 적합하다.

엄마가 보기에는 아무것도 아닌 것 같지만, 거의 매분 매초마다 생각을 하고 머리를 써야 완성되는 것이 미술 작품이다. 머리와 눈, 손이 부지런히 협동 작업을 해야 나오는 것이 미술 작품이다. 아이들은 손을 정교하게 사용할수록 지능이 발달하는데, 미술 활동에서는 양손을 모두 정교하게 사용한다. 따라서 좌뇌와 우뇌가 골고루 발달한다.

그러니 7세 전후 아이들에게서 미술 하는 시간을 빼앗지 말라. 지금 아이는 자신의 메인 컴퓨터의 용량과 성능을 쫙쫙 늘리고 있는 중이다.

요컨대, 상상력과 문제 해결력이 쑥쑥 자라는 이 시기에는 아이가 도전할 만한 과제를 통해 자신의 최대 능력을 발휘할 기회를 주자. 너무 쉬운 과제는 성장에 도움 안 되고 너무 어려운 과제는 좌절감을 안겨준다. 아이에게 맞는 적당한 도전이 될 만한 작업을 하는 것이 중요하다. 미술과 놀이는 아이 스스로 난이도를 조절해 가며 몰입에 이를 수 있는 최적의 교육 수단이다.

20장

초등학생 아동기

공동 작업과 미술 기법으로 공감, 소통 능력을 키우는 시기

전 세계적으로 초등학교 입학 연령은 7~8세이다. 이 나이가 되면 단체 생활 적응이 유연해지기 때문이다. 그림으로 보자면 점점 더 남이 알아볼 수 있는 그림을 그리게 된다. 남들이 알아볼 수 있는 그림을 그리게 된다는 것은 나쁘게 보면 개성이 줄어드는 것이요, 좋게 보면 그림을 통한 커뮤니케이션 능력이 더 커진다는 것을 의미한다.

8세부터 사춘기가 될 때까지는 학업에 적응하는 시기이다. 8세 이전의 아이가 정서적 발달을 더 많이 이루어낸다면, 8세 이후의 아이는 점점 더 학습을 받아들이기에 유연한 상태가 되고 아이는 인지력이 쑥쑥 자란다.

이때 어른들이 반드시 생각해 볼 것이 있다. 아이들이 초등학교에 입학하면 그때부터 12년간 꼼짝없이 좌뇌 위주의 학습에 전념하

는 환경에 놓인다. 거의 모든 과목에 정답이 있고 그 정답을 많이, 그리고 빨리 찾아야만 인정을 받는 시스템 속에서 12년을 보내게 된다. 끔찍하지 않는가!

그래서 적어도 초등학교에 입학하기 전에 뇌를 말랑말랑하게 해 주는 미술을 3년 이상은 해야 한다. 미술은 단 하나의 정답을 찾는 활동이 아니다. 이유가 있다면 어떤 표현도 장려해 줄 수 있다. 구름을 보라색으로 색칠해도, 동생을 아빠보다 훨씬 크게 그려도 아무런 문제가 되지 않는다. 그래서 초등학교 입학 전에 사고를 자유롭게 해 주는 미술 예방 주사를 충분히 맞혀야 한다.

만약 때를 놓쳤다면 초등학교 저학년이 정말 막차를 타는 시기이다. 고학년이 되면 시간이 부족할뿐더러 이미 창의력 발달의 최적기를 놓쳐 버렸기 때문에 시간과 비용 대비 효과가 떨어진다. 그러니 아이가 초등학교 입학 전에 충분히 미술을 경험하지 못했다면 아직 시간이 있는 초등학교 저학년 때라도 미술을 충분히 누리게 해 주자. 영어나 수학은 앞으로 할 시간이 10년도 더 남아 있지만 미술은 이때가 아니면 아이 인생에서 제대로 누릴 기회가 더 이상 없다고 해도 과언이 아니다.

초등학교에 입학한 아이들은 다른 사람들과 더불어 함께하는 능력이 쑥쑥 자란다. 본격적으로 집단에 속하여 집단의 규칙을 지키면서 자신의 원하는 바를 성취하는 능력을 기른다.

한 연구에 의하면, 초등학교 2학년만 되어도 벌써 아이들은 자신의 감정을 숨긴다고 한다. 슬퍼도 반 아이들 앞에서는 쉽게 울지 않는다. 친구들 앞에서 울면 자기가 어떤 평가를 받게 될지 알기 때문이다. 예상할 수 있는 타인의 반응을 염두에 두고 자신의 정서와 행동을 조절한다는 뜻이다.

리처드 니스벳의 비교문화심리학 책인 『생각의 지도』에 이런 대목이 나온다.

그리스인들에게 행복은 '자신의 자질을 자유롭게 발휘하는 것'이었지만, 중국인들에게 행복은 '행복한 인간관계를 맺고 평범하게 사는 것'이었다. 이 때문에 그리스의 꽃병이나 술잔에는 전투나 육상 경기처럼 개인들이 경쟁하는 모습이 그려져 있는 반면, 중국의 도자기나 화폭에는 가족의 일상이나 농촌의 한가로운 정경이 자주 등장한다.

예로부터 서양에서는 개인의 성취와 자아실현이 최고의 가치였던 반면, 동양에서는 서로 화합하고 함께 공동체를 이루는 것이 가치 있게 여겨졌다. 따라서 서양 문물이 들어오면서 우리 사회도 자신이 원하는 바를 이루는 것이 행복의 척도가 되었고 공동체의 안녕과 나눔보다 내가 얼마나 더 갖고 있느냐가 행복의 기준이 되어 버렸다. 엄마들도 자기 아이가 학교에서 누군가를 때렸다는 얘기를 들을 때보다 누군가에게 맞고 올 때 더 속상해한다.

남을 밟고 올라서야 성공하는 공식은 오랜 입시 경쟁 체제에서 단단히 굳어졌고 아이들의 학창 시절 12년을 온통 점령해 버렸다. 친구의 숙제를 도와주면 자기가 우등상을 못 타고, 친구에게 노트를 빌려 주면 1등을 뺏긴다. 그러니 덩달아 엄마들도 좋은 정보가 있으면 다른 엄마에게 알려주지 않는다.

그런데 세상이 변하고 있다. 참 다행히도 세상이 변하고 있다. 세상은 점점 공동체의 화합과 나눔의 가치를 중요하게 여기고 있다. 대학 입시에서도 아이들을 성적으로만 평가하지 않으려는 다양한 정책이 시작된 지 오래다. 입학 사정관 제도니 수시 입학 제도니 하면서 수많은 형태의 입학 전형이 나와 학부모와 아이들을 헷갈리게 한다. 하지만 그 수많은 입학 전형도 알고 보면 한 가지 흐름을 따라 움직인다. '아이들을 평가하는 기준을 다양화하는 것'이다.

기업은 학교보다 더 빠르게 움직인다. 기업에서는 벌써 이기적인 사람을 뽑지 않는다. 팀 내에 분위기를 해치는 사람이 한 명만 있어도 팀 전체가 와해되는 것을 잘 알기 때문이다.

그리고 이제 세상은 더 이상 그리 호락호락하지 않아서 한 사람의 능력으로 무언가를 해내는 것이 불가능해졌다. 위키피디아(www.wikipedia.com)처럼 집단의 지성이 모여야 하고 함께해야 힘이 생기기 때문이다.

자, 그렇다면 본격적으로 공동체의 일원이 되어 공동체의 가치 안에서 자아실현을 하는 시기인 초등학교 때 아이들을 어떻게 키워야 할까?

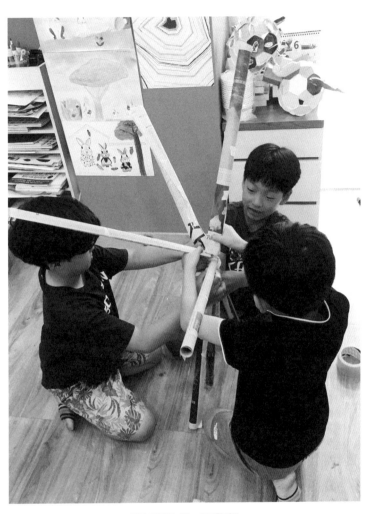

공동 작업을 하는 초등학생들

어릴 때 자기 가치감과 자신감, 즉 자존감을 우선 튼튼하게 하고 초등학교 입학 전에 문제 해결력, 창의력 같은 개인 능력을 충분히 기른 다음, 8세 이후에는 이런 개인적인 능력을 계속 키워 나가면서 그 능력을 공동체 안에서 발휘하는 힘을 길러 주어야 한다. 공감하고 배려하고 규칙을 지키면서 그 안에서 자기를 표현하고 자신의 정서와 행동을 조절하여 자기가 원하는 바를 이루는 능력을 길러 주어야 한다.

요컨대, 8세 이후에는 공동체 일원으로서의 삶이 본격적으로 시작된다. 자신의 개인적인 능력을 계속 키우면서 동시에 남을 배려하고 공감하는 능력을 기르지 않으면 미래형 인재가 될 수 없다.

그러니 이 연령대의 아이들을 대상으로 하는 미술 교육에서는 남들과 공감하는 방식의 시각적 커뮤니케이션을 가르쳐야 한다. 비례, 원근, 명암, 사실적인 표현, 색의 표현 등을 배우기도 해야 한다는 뜻이다. 예를 들어 7세까지만 해도 자신에게 파랑색이 따뜻하게 느껴진다면 그렇게 우겨도 되지만, 8세 이후에는 파랑색이 일반적으로 차가움을 주는 색이라는 것도 배워야 하는 것이다.

그래서 이 시기의 아이들에게 집단 미술 활동은 아주 좋은 교육 방법이다. 다른 사람들과 함께함으로써 더 잘할 수 있는 능력도 기를 수 있다. 그래서 공동 작업에는 개인 작업으로 할 수 없는 스케일과 풍부함이 있다. 말로 백 번 협업이 중요하다고 배우는 것보다 한 번 제대로 멋진 공동 작업을 완성해 보고 나면 아이들은 몸으로 배운다.

21장

중고등학생 청소년기

드로잉으로 생각의 도구를 키우는 시기

엄마가 된 친구들이 오랜만에 만나 수다를 떨면 꼭 등장하는 주제가 있다. 한 친구가 말한다.

"얘들아, 이제 나 어떡하니, 우리 애 이제 중2 올라가."

그러면 다른 친구들은 천금 같은 우정으로 함께 사시나무 떨듯 떨어준다.

"어머, 어떡하니, 너 정말 무섭겠다."

"우리 애도 곧 중2 되는데, 어쩌지?"

이미 경험이 있어 키우기가 비교적 여유로운 둘째와 달리 첫째를 키울 때는 몇 번의 숨죽이는 고비가 있다.

첫 번째 고비는 한글을 뗄 때다(어떤 엄마는 기저귀를 뗄 때라고 하기도 한다). 과연 아이가 한글을 떼기는 뗄 수 있을까? 그리고 초등학교에 무사히 적응할 것인가? 아직 경험이 없는 엄마는 불안하다. 그리고 두 번째 고비는 사춘기에 온다. 더 좁혀서 말하자면 보통 중2 때가 가장 심하다. 우리 아이가 과연 질풍노도 같은 사춘기를 극심한 성적 하락, 부모와의 심각한 갈등, 가출 같은 사건 사고 없이 잘 거쳐 갈 수 있을 것인가?

엄마들 사이에서는 중2병이 전설같이 내려온다. 아무 탈 없이 말 잘 듣던 아이가 갑자기 반항을 하기 시작한다더라, 아이가 어느 날부턴가 말수가 없어지면서 엄마를 유령 취급한다더라, 요즘 중학생들은 이성 교제를 하면 어디까지 간다더라, 있는 대로 없는 대로 짜증을 내면서 언제 터질지 모를 시한폭탄같이 군다더라.

사춘기가 되면 몸과 머리에 급격한 변화가 일어난다. 호르몬의 변화로 테스토스테론이 왕성하게 분비된다. 테스토스테론은 사춘기를 지배하는 호르몬이라고 할 수 있으며, 여자아이들에게도 분비되지만 남자아이들의 사춘기에 더 영향을 미친다. 여자아이들의 2차 성징에 영향을 미치는 호르몬은 에스트로겐이다. 이런 호르몬의 변화로 아이들의 몸매는 점점 성인의 몸매와 닮아 간다. 몸은 어른의 몸과 거의 유사해지는 반면, 머리는 다 성장하자면 아직 멀었다.

뇌는 인지를 담당하는 영역과 감정을 담당하는 영역 간의 발달 불균형이 심화된다. 다음 쪽의 표는 인지를 담당하는 차가운 뇌 영역과 감정을 담당하는 뜨거운 뇌 영역의 발달 그래프인데, 청소년기쯤에 이르러 이 두 영역 간의 발달 격차가 가장 심해지는 것을 볼 수 있

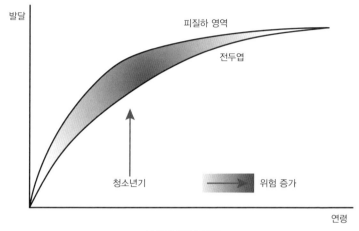

뇌 영역 발달 그래프

다. 이 두 영역 간의 불균형이 바로 위험을 일으키는 원인이다.

감정의 영역은 급격히 발달하지만 그것을 다스리고 조절하는 인지의 영역은 그다지 충분하게 발달하지 못한다. 그러니 부모나 선생님, 친구의 사소한 말이나 행동에도 쉽게 흥분하거나 상처받는다. 반면 그것을 합리적으로 판단하고 조절하는 능력은 미약하다. 그냥 물어봤을 뿐인데 화낸다고 생각하며 반항하는 일이 이래서 일어나는 것이다.

이 때문에 사춘기의 아이들을 시한폭탄 같다고 하거나 사춘기를 질풍노도의 시기라고 부른다. 그리고 이런 질풍노도를 더욱 부추기는 것이 바로 또래 관계이다. 사회화가 급격이 진행되는 사춘기에는 또래의 인정이나 평가가 무엇보다 중요해진다. 단순히 친구들이 함께한다는 것만 중요하게 여겨 무모한 행동이나 비행에 쉽게 참가한다. 이 또래 아이들의 절도나 폭력 사건을 보면 단독으로 저지르는 일이 거의 없다. 이렇듯 또래의 평판이 중요해지니까 친구에 살고 친구에 죽는 일이 반복된다. 또래의 평판 외에 일반적인 외부적 평판에도 역시 민감해진다.

또 사춘기에는 선생님이 지나가다 던진 말 덕분에 인생이 살아나기도 하고, 반대로 극심한 상처를 받기도 한다. 그래서 부모도 이 시기에는 말을 좀 더 신경 써서 해 줄 필요가 있다. 부모가 어떻게 하는가에 따라 아이는 눈부시게 성장할 수도 있다. 지지하고 믿고 인정하는 부모는 사춘기를 맞이한 자녀에게 날개를 달아 줄 수 있다.

동기들 중에서 가장 먼저 결혼한 나에게 친구들이 중2 병에 대해 물어오면, 중2 병은 늦어도 초등학교 때부터 예방해야 한다고 말해 준다. 중2 병을 예방하려면 엄마가 아이한테 마음의 적금을 많이 들어놓아야 한다. 아이가 무엇을 잘못하거나 엄마 마음에 들지 않을 때 아이를 비난하거나 심하게 야단치면 아이는 자기가 잘못한 걸 알면서도 미안한 마음을 싹 지워 버린다. 자기가 잘못은 했지만 그보다 더 크게 엄마한테 처벌을 받았기 때문이다. 자기가 잘못한 것보다 더 혼났다고 생각하는 아이는 이제 남은 미안함이 없다. 마음의 적금에 잔고가 바닥나고 오히려 마이너스가 된다. 엄마한테 진 빚은 없고 받을 빚만 있는 상황이 된다.

엄마한테 받을 마음 빚만 남은 아이들은 말을 듣지 않고, 짜증을 내고, 공부를 하지 않는 특징을 보인다. 엄마한테 받을 빚이 있다는 말은 엄마를 속상하게 만들 이유가 있다는 것이고, 엄마가 제일 원하는 것을 하지 않는 방법으로 아이는 엄마가 빚을 갚게 한다.

이 빚은 초등학교 때부터도 알게 모르게 쌓이긴 하지만 아직 어린 초등학생은 실천할 용기도 없고 그렇게 폭발시킬 에너지도 없다. 그러다 청소년이 되면 어른만큼 몸이 자란 데다 호르몬이 불균형해서 자기도 자신이 제어가 안 되니까 이때 에라 모르겠다 하고 터트리게 된다.

청소년기 아이에게 엄마가 제일 원하는 것이 무엇인가? 각자 자기가 제일 원하는 게 무엇인가 생각해 보시라. 자녀가 만약 엄마한테 받을 빚이 있다면 자녀는 바로 그걸 안 할 것이다. 공부든, 말 잘 듣는 것이든.

그러므로 중2병을 예방하려면 어릴 때부터 아이가 마음에 안 들거나 야단맞을 짓을 해도 엄마는 머리 뚜껑이 확 열리며 아이에게 검은 에너지를 퍼붓는 것을 삼가야 한다. 옳고 그름을 가르쳐 주는 것과 비난하는 것은 다르다. 예를 들어 형이 동생을 때릴 때, '동생을 때리지 마라. 사람을 때리는 것은 동생뿐만 아니라 누구에게라도 하면 안 된다'라고 가르쳐 주는 것과 '너 도대체 엄마가 몇 번이나 말해야 알아듣겠니? 너도 한번 맞아 봐야 동생을 안 때리겠니?'라고 소리를 지르는 것에는 엄연히 차이가 있다. 사실 아이들은 위험한 것이나, 타인에게 피해를 주는 고의적인 행동 외에 크게 야단칠 일이 없다. 바른 행동을 가르쳐 주는 것과 비난하는 것을 구분하자.

그런데 반대로 아이가 엄마한테 갚을 빚이 많이 생기면 자연적으로 엄마가 기분 좋아할 만한 행동을 한다. 그래서 어릴 때 사고뭉치였던 아들이 커서 시골 부모 집을 지킨다고 하지 않는가. 사고를 자꾸 쳐서 부모의 사랑이 끊어질 것 같은데 여전히 변하지 않는 부모의 사랑을 받게 되면 갚아야 될 마음 빚이 많이 생긴다. 그러니 공부 잘하고 아무 사고 없던 아들보다 사고뭉치 아들이 커서 효도하는 것이 어찌 보면 당연하다.

나는 고3 때 선배들의 손에 이끌려 백일주를 마시게 되었다. 처음 마시는 술이라 주량을 전혀 몰랐으므로 소주를 주는 대로 받아 한 번에 털어 넣었다. 그래야 되는 줄 알았다. 일곱 잔 정도 마셨던 것 같은데, 아무튼 토하고 정신을 잃었고 친구들 등에 업혀 집에 도착했다. 엄마가 현관문을 열어 주자 친구들은 나를 내려놓고 걸음아 날 살려라 하며 사라졌다. 나는 그 정신없는 와중에도 거실에 아빠가 앉아 있는 것을 보고 아무 일도 없었던 것처럼 한발 한발 조심스레 걸어 내 방으로 가서 쓰러졌다. 현관에서 내 방까지 한 5미터 남짓 되었을까? 하지만 100미터는 되는 것처럼 느껴졌다. 거실을 걸어서 내 방까지 가는 동안 아빠는 아무 말도 하지 않았다. 다음 날 아침 엄마는 조용히 콩나물국을 끓여 내왔고 아빠는 부드럽게 딱 한마디만 했다.

"어제 무슨 일 있었나?"

나 역시 딱 한마디만 했다.

"아무 일도 없었어요. 죄송해요."

그날 이후 나는 부모님에게 아무 신경질도 부리지 못했다. 공부가 힘들다는 둥, 반찬이 맛이 없다는 둥, 고3이 부릴 법한 짜증과 신경질을 언감생심 꺼내지도 못했다.

사춘기 아이들은 몸도 머리도 정상이 아니다. 감정을 주관하는 뇌와 이성적으로 제어하는 뇌의 발달이 일생 중 가장 불균형한 때이다. 그러므로 미리미리 아이한테 마음 적금을 들어 놓든지, 몰라서 시기를 놓쳤으면 지금부터라도 아이한테 마음 빚을 지지 말라.

부모 마음에 좀 덜 들어도 예뻐하라. 당신도 그 나이 때는 찌질했다. 실수해도 격려해 주고 변함없는 가족의 애정과 지지를 보여 주라. 진짜 문제 행동일 때에는 폭력적이고 강압적인 처벌 대신 아이가 선택한 행동에 대한 책임을 지게 하라. 그렇게 해서 차곡차곡 아이한테 마음 적금을 쌓아라.

요컨대, 사춘기는 신체 발달과 정신 발달, 그리고 이성적인 뇌 영역과 감정적인 뇌 영역 사이의 발달 불균형이 심해지고, 외부의 평가에 민감해지기 때문에 질풍노도의 시기라고 한다. 따라서 미리미리 대비해서 아이한테 마음의 적금을 많이 들어 놓는 것이 상책이다. 잔고가 없거나 그 사실을 뒤늦게 깨달았더라도 지금부터 최소한 빚이라도 덜 지도록 노력하자. 사춘기를 무사히 넘긴 아이는 눈부시게 아름다워진다.

이 나이 또래에는 미술 활동을 거의 하지 않는다. 언어 능력이 미술 능력보다 더 발달하기 때문이다. 그림으로 표현하는 것보다 언어로 표현하는 것이 더 쉽기 때문이기도 하고, 공부하느라 미술은 뒷전인 경우가 대부분이다. 하지만 곰곰이 생각해 보면, 일주일에 한 시간 정도 내서 그림을 그리는 것이 정말 그렇게 공부에 지장을 줄까? 나는 아이들이 초등학교 고학년에만 접어들어도 미술을 하지 않는 현실이 안타깝다.

일주일에 하루 정도는 아이에게, 머릿속과 마음속에 있는 것을 꺼내 표현하고 커뮤니케이션할 수 있는 시각 언어인 드로잉을 배울 시간을 선물해 주길 바란다. 드로잉으로 내면을 표현하면, 터질 것 같은 사춘기 아이들의 아슬아슬한 감정 줄타기를 안전하게 지날 수 있다. 또 드로잉을 통해 자라는 시각적 커뮤니케이션 능력은 성인이 되어 일을 할 때 어마어마한 힘을 발휘할 것이다. 모 대학에서 IT 관련 영재교육원 원장으로 있는 교수의 말을 전한다.

"저는 공과대학 커리큘럼에 드로잉 과목을 반드시 넣어야 한다고 생각합니다. 제 경험으로는 드로잉을 배운 IT 전문가와 그렇지 않은 사람은 확연한 차이가 납니다. 드로잉을 배운 사람은 일을 할 때 남들에게 없는 생각의 도구가 한 가지 더 있는 것과 같습니다."

4부

아동 미술에
왜 심리가 필요한가?

22장

먹는 만큼 자란다?
소화한 만큼 자란다!

어릴 때 엄마가 밥상을 차려 주면 우리 삼남매는 어느 밥이 제일 적은가부터 살폈다. 그러다 내 밥이 좀 더 많다 싶으면 울어 버렸다.

"으앙~ 내 밥이 제일 많아."

우리 엄마는 삼남매를 키우면서 참 어처구니가 없었을 것 같다. 삼남매가 하나같이 먹지를 않아서 포도 알 하나라도 더 먹여 보려고 온 동네 애들을 다 불러 포도를 먹인 적도 있었다고 한다. 여럿이 같이 먹으면 조금이라도 더 먹었던 모양이다. 오죽 답답했으면 그랬을까 싶다.

잘 먹지를 않으니 잘 클 수도 없었다. 그래서 온 집안 어른들은 그저 우리가 많이 먹는 게 칭찬거리였다. 반면에 밥을 적게 먹으면 혼나기 일쑤였다. 난 늘 밥 먹는 게 스트레스였다. 제발 어서어서 과학

기술이 발달되어 알약 한 알만 먹으면 밥 안 먹어도 되는 날이 오기를 손꼽아 기다렸다.

게다가 소화도 잘 안 됐다. 어떤 소화제도 듣지 않았다. 먹었다 하면 체하고 속이 메슥메슥했다. '평생 입덧을 달고 사는 기분'이라고 할 정도였다. 변기가 막혔을 때 집어넣고 뻥 뚫는 그 까만 고무 흡착기, 일명 '뚫어뻥'을 위에다 집어넣고 뻥 뚫어 버리고 싶었다.

나는 서른이 훌쩍 넘어서까지도 지독한 소화불량에 시달렸다. 병원에 가서 내시경 검사를 받아 봐도 대한민국 국민 80퍼센트에게 있다는 가벼운 위염만 보일 뿐, 원인을 찾아내지 못했다.

그러다 어느 날 내 위가 보통 사람의 위보다 작다는 것을 알게 됐다. 그 작은 위에 음식물을 꾸역꾸역 집어넣으면 위가 빵빵하게 가득 차고, 터질 듯이 부풀어오른 위장은 소화를 위한 장운동을 잘하지 못했다.

살이 잘 찌지 않으니 주위에서 많이 먹으라고 자꾸 권했고, 먹는 게 까탈스럽다는 평가를 듣기 싫었던 나는 주변 사람들의 눈을 의식해서 위장 크기에 맞지 않게 남들 먹는 양만큼 먹어 소화불량에 시달렸던 것이다. 소화를 시키지 못하니, 음식물이 충분히 흡수되지도 못했다. 더구나 소화되지 못한 음식물이 뱃속에 쌓이니 몸이 더 나빠지기만 했다.

이런 이치를 깨닫고는 밥을 적게 먹기 시작했다. 많이 먹기보다 내 몸에 유익한 것을 골라 먹고, 꼭꼭 씹어서 제대로 다 소화하는 것에 신경 썼다. 그 후로 거짓말같이 몇 십 년을 괴롭히던 만성 소화불량이 사라졌다.

위 용량이 100이라 치자. 그런데 신기하게도 120을 먹으면 30밖에 소화시키지 못하고, 80을 먹으면 60을 소화시키는 일이 일어난다. 과하게 많이 먹으면 오히려 몸으로 가는 것이 더 적고, 적게 먹으면 흡수가 더 많이 되는 아이러니한 일이 일어나는 것이다.

아이들을 만나면서 내가 느낀 것도 이 소화 과정과 같다. 어른들은 아이들이 무엇을 배울까만 생각하기 쉽다. 많이 배우면 많이 성장할 것이라 기대한다. 그래서 이것도 시키고 저것도 시킨다. 내 아이가 남들보다 적게 배우는 것 같으면 불안해한다.

그런데 소화 과정을 생각하지 않은 지식의 투입은 소화불량만 가져올 뿐이다. 유익한 영양소로 아이에게 흡수되지 못할뿐더러 오히려 병만 키운다.

K는 초등학교 4학년 남자아이였다. 심리 치료실에 처음 올 때 야구 모자를 쓰고 왔다. 엄마가 조심스레 모자를 벗기니 지름 10센티미터 정도의 원형 탈모가 있었다. 원래는 탈모 클리닉에 갔었는데 의사가 아무래도 심리 문제인 것 같다고 해서 심리 치료실로 왔다. 머리카락이 그냥 빠지는 게 아니라 아이가 스스로 머리카락을 뽑았기 때문이다. 엄마는 혼내 보고 달래도 보았지만 아무 소용이 없었다.

엄마는 K가 머리카락을 뽑을 때마다 지적을 했다. 엄마는 아이가 머리카락을 뽑는 것을 보고 있으면 불안해서 견딜 수가 없었다. 시댁에서 늘 잘나가는 시조카들과 비교를 당하는 터라 K가 그러는 것을 더욱 참을 수 없었다. 애를 잘못 키웠다는 타박이 시어른들에게서 쏟아질 게 분명하다고 생각했다.

"동생은 그렇지 않은데…."

K의 엄마가 자주 쓴 표현이다. K가 시간개념이 없고 느려 터져서 답답하다고 말하곤 했다.

엄마가 작업한 '동물 가족화'를 보면, K의 아빠를 사자로 표현했다. "오늘은 어디서 사냥을 하나?"라는 말에서 아빠의 결과 지향적이고 사냥꾼다운 면모를 볼 수 있다. K의 동생은 귀여운 코알라로 표현했다. 엄마는 K의 동생을 가장 먼저 오려서 가장 먼저 도화지 정중앙에 붙였다. 이것은 엄마가 아무리 아니라고 해도 엄마 마음속의 넘버원은 동생임을 의미했다. K는 아니나 다를까 느린 거북이로 표현했다. 그런데 거북이가 하는 말을 보자. "어휴, 힘들어." 엄마도 K의 힘들어하는 마음을 이미 읽고 있다. 엄마는 가족들 아래에서 모든 식구를 받쳐 주고 있다. 엄마도 마음이 힘든 것이다. 자신이 엄마지만 자신 역시 '엄마, 배고파'를 외치고 있다.

K의 아빠를 만나 보니 성격이 급했다. 자상하지만 성격이 느긋하지 않아 아이를 늘 재촉했다. 재촉해도 빨리 하지 않으면 화를 터트리기 일쑤였다. 금전적인 문제가 있어서 마음에 여유가 없을 때는 더심하게 아이를 다그쳤다.

K와 미술 작업을 해 보니 K는 행동이 정말 느린 편이었다. 생각을

많이 하고 작업에 들어갔다. 작업하다가 원래 생각대로 잘 안 되면 다른 방식으로 바꾸어 다시 시도했다. 그 방법도 생각만큼 결과가 나오지 않으면 다른 방식을 또 시도했다.

한번은 심장을 표현해 보고 싶다고 했다. 처음에는 종이에 그리다가 갑자기 좋은 생각이 났다며 비닐봉지를 찾았다. 거기에 물을 담고 빨간 물감을 푼 후 단단히 묶었다. 그 과정에서 비닐봉지에 물이 제대로 담기지 않자 치료실에 있는 비닐이란 비닐을 다 실험해 보고 가장 만족스러운 것으로 골라 작업했다. 심장과 연결된 핏줄을 표현할 때도 빨대를 붙여 보았다가 아무래도 핏줄의 그 말랑말랑한 느낌이 살지 않는다고 생각했는지 다른 재료를 찾아 헤맸는데, 결국 치료실 귀퉁이에서 링거 줄을 찾아냈다.

나는 K와 한 시간 넘게 미술 작업을 함께해 보지 않았으면 절대로 몰랐을, K의 엄청난 능력을 발견했다. 보통 아이들은 한두 번 대충 시도해 보다가 안 되면 선생님한테 물어 봐서 답을 쉽게 구해 버린다. 자기 생각대로 잘 안 되어도 뭐 굳이 그렇게 애를 써서 더 잘해 보려고 하지 않는 게 요즘 아이들이다.

그런데 이 아이는 달랐다. 어설프게라도 시간에 딱 맞춰 해내는 것도 중요한 능력이지만 시간에 구애 받지 않고 자기가 가진 최고를 구현하는 능력은 그보다 귀한 능력이다. 자기의 최대치를 다 끌어내는 습관이 쌓이면 시간 조절 능력은 나중에 저절로 생긴다. 이런 귀한 장점을 엄마, 아빠의 눈과 잣대로만 판단해서 아이를 '게으르거나', '느려터진' 문제아로 평가하면 아이는 정말 그냥 한심한 존재가 되어 버린다.

미술이 이래서 기가 막히다. 눈에 보이는 작업 과정이 있기 때문에 아이와 깊이 있는 대화가 가능하다. 또 그 작업 과정 중에는 생각하기, 글쓰기, 아이디어 스케치하기, 재료를 선택하고 손으로 다루기, 포기하지 않고 완성해내기, 결과를 앞에 놓고 자기 작업을 설명하기 등이 다양하고 드라마틱하게 펼쳐진다. 그래서 미술은 아이의 장점을 발견하는 데 최적의 활동이다.

나는 부모와 상담하며 아이의 장점을 말해 주고, 아이를 다그치지 않도록 당부하기도 했다.

상담을 시작한 지 한 달쯤 되었을 때, 아이의 머리카락이 다시 나기 시작했다. 머리카락을 뽑는 횟수가 줄어드니 탈모 면적이 더 이상 넓어지지도 않았다. 석 달쯤 지나자 모자를 쓰고 다니지 않아도 봐줄 만했다.

치료를 마치고 몇 개월이 지났을 때, K의 엄마에게서 전화가 왔다. 기쁜 일이 있어서 함께 나누고 싶다고 했다. K가 학급 회장에 당선되었다. 예전에는 늘 주눅 들고 자신감이 없어서 그런 걸 꿈도 꾸지 못했는데, 학급 회장 선거에 용감하게 도전해서 당선됐다. 성적도 올랐다. 그렇게 잔소리하고 이 학원, 저 학원 보내도 오르지 않던 성적이, 아이의 마음이 바뀌니 저절로 오른 것이다.

교육 현장에는 이런 문제가 만연해 있다. 많은 교사와 학부모들은 아이에게 자꾸만 무엇을 집어넣으려 한다. 아이들이 잘 소화시키고 있는지, 어떻게 도와주면 소화를 더 잘 시킬지에 대한 고민과 해법 없이 그냥 집어넣기만 한다. 공부를 더 많이 시키면, 더 열심히 시키면 아이가 성장하고 성적이 오를 것이라 착각한다.

그리고 모두가 밥상을 차리는 데에만 열심이다. 가급적 영양분이 골고루 포함되게, 될 수 있으면 유기농으로 맛있게 식단을 구성해서 아이들에게 제공하는 데는 열심이지만, 아이들의 소화 과정에 대한 이해는 없다.

영어로 유명한 C 어학원에 다니는 초등학생 아이가 있었다. C 어학원은 숙제가 많기로 유명하다. 사실 어떤 아이라도 그 숙제만 다 해 내면 영어가 안 될 리 없어 보인다. 그 아이가 다닌 지 얼마 안 되어 숙제를 하기 너무 버거워하고 수업이 지루하다고 해서 엄마가 전화 상담을 했다. 아이의 상담 선생님은 이렇게 말했다.

"듣기가 안 된다든지, 읽기가 안 된다든지 하면 저희가 해결책을 줄 수 있지만, 아이가 지루하거나 힘들다고 하는 심리적인 문제는 저희가 어떻게 해 줄 수 없습니다."

맞다. 영어 학원이니 영어만 가르치면 그만이다. 그런데 나는 선생님의 눈은 항상 '영어'가 아니라 '영어를 배우는 아이'에 초점을 맞추어야 한다고 생각한다. 영어를 아무리 가르친들, 그 영어를 받아들이는 아이의 마음 밭과 머리 밭이 잘 준비되어 있지 않으면 무슨 소용이 있겠는가. 먹은 게 제대로 소화되어야 아이가 크지, 그냥 계속 먹인다고 다 흡수되어 아이가 성장할 리 없지 않은가?

미술도 똑같다. 그냥 계속 그리라고만 해서는 아이들을 모두 그림에 몰두하게 만들 수 없다. 적절한 교수법이 있어야 한다.

그 아이는 결국 C 어학원을 그만두었다. 선생님이나 부모의 노력 없이 아이 스스로 내면적 동기를 일으켜 공부에 전념하는 일이 백 명 중 몇 명한테나 가능할까?

선생님들은 그런 아이가 백 명 중 한 명에 불과하다고 말한다. 그럼 내 아이는 그 한 명에 해당하는가? 만약 거기에 해당하지 않는다면 아이가 지금 당장 많이 먹는 것에 신경 쓰기보다, 잘 소화하고 있는지 살펴야 하지 않을까? 다시 말해, 매일 그림만 주야장천 많이 그린다고 그림이 늘지 않는다. 그럼 도대체 어떻게 해야 그림이 될까?

23장

'하트'가 돼야
'아트'가 된다

미술 치료를 공부하는 대학원 과정 내내 나는 공부가 정말 달콤하다는 것을 알았다. 학창 시절에 진작 알았더라면 얼마나 좋았을까! 그래도 나는 참 행복했다. 밤새 리포트를 작성해도 즐거웠고 새로운 것을 배우고 알아가는 것이 너무나 신났다. 더구나 미술을 통한 치유의 길은 내가 오랫동안 목말라한 분야였기 때문에 모든 공부가 꿀같이 달았다.

그렇게 공부를 하고 대학원을 졸업한 후 미술 치료실에서 아이들을 만났다. 선천적인 장애가 있는 아이부터, 잘못된 양육과 환경으로 인해 후천적인 어려움을 겪는 아이까지, 다양한 아이들의 아픔을 가까이에서 보았다.

미술 작업을 통해 아이와 부모가 변화하는 과정을 지켜보는 일은 너무나 드라마틱하고 보람있었다. 이렇게 전업 미술 치료사로서의 시간을 보내면서 나는 미술을 통해 아이들의 정서를 변화시키고 치유하는 방법을 점차 더 잘 알게 되었다. 그런데 나에게는 여전히 해결하지 못한, 미술 교육에 대한 의문이 남아 있었다.

미술을 통해서 마음, 즉 '하트'를 건강하게 만드는 방법은 알겠는데, '아트'를 성장시킬 수 있는 방법은 아직 찾아내지 못했다. 아이들만의 반짝이는 '아이다움'이 다치지 않게 하면서 아이들로부터 '아트'를 끌어낼 수 있는 방법이 무엇인지 정말 궁금했다.

나는 지금이나 그때나 변하지 않는 확고한 신념이 있다. 그것은 바로 어떤 아이들이라도, 다시 말해 모든 아이가 '아트'를 할 수 있다는 것이다. 내가 미술이라는 단어를 쓰지 않고 굳이 따옴표를 써 가며 '아트'라고 하는 데에는 이유가 있다.

우리가 흔히 미술이라고 부르는 수많은 활동이 모두 '아트'인 것은 아니기 때문이다. 아이들은 유치원에서 누구나 미술을 한다. 학교에는 미술 시간이 있다. 그러니 어른들은 아이들이 모두 미술을 한다고 생각한다. 하지만 크레파스, 물감 같은 미술 재료를 가지고 그림을 그린다고 다 '아트'인 것은 아니다.

나는 두 아이를 키웠다. 지금은 성인이 된 큰아이가 유치원을 졸업할 무렵, 유치원에서는 졸업 앨범과 함께 아이의 미술 작품집을 만들어 주었다. A4 용지에 곡식으로 콜라주한 것도 있고, 스티커를 붙여서 사람을 묘사한 것도 있고, 하여간 다양한 미술 활동을 한 결과물을 가지고 만든 작품집이었다. 그런데 그런 작품들은 하나도 감동적이지 않았다. 그런 것들은 '아트'가 아니다. 그냥 미술 활동을 한 것이다. 미술 재료와 함께 시간을 보낸 흔적들이지 예술이 아니다. 특히 선생님이 이미 다 준비하고 가르쳐 준 대로 아이가 붙이기만 했을 것 같은, 다 하는 데 15분도 채 걸리지 않았을 것 같은 '미술 시간 결과물'들은 '아트'라고 하기에 부족했다.

반면 그 아이가 서너 살 무렵, 내가 설핏 낮잠이 든 사이에 몰래 가계부에다 그린 후 가위로 삐뚤삐뚤 오려서 나에게 자랑스럽게 들고 온 그림은 너무나 감동적이었다. 아이가 숨소리도 안 내고 땀을 뻘뻘 흘리며 열심히 그려 온 그 그림의 제목은 '엄마'였다. 나는 아이가 어른이 된 지금도 그것을 소중하게 간직하고 있다. 볼 때마다 기분이 좋아지고 감동적이다. 나는 이런 게 '아트'라고 생각한다.

아트, 즉 예술이란 다른 목적 없이 그것을 접하는 사람의 마음을 움직이는 것, 그 한 가지를 위해 만들어진 것이다. 그것을 만드는 동안 몰입하고 최선을 다하고 마침내 기대 이상의 어떤 것을 만들어냈을 때 우리는 감동하고 기꺼이 예술이라 칭한다. 예술은 어떤 당연한 것 이상을 줄 때 그것을 접하는 사람들의 마음을 움직인다.

내 큰아이가 서너 살 무렵, 펜도 제대로 쥐지 못하는 그 손으로 엄마한테 선물하려고 그린 '엄마'라는 그 작품은 아이가 평소에 그려내던 수준이 아니었다. 아이는 분명 자기의 사랑을 듬뿍 담아서 자기가 할 수 있는 최선을 다했던 것이다. 그리고 꽤 긴 시간 몰입해서 마침내 오리기까지 했다! 혹시나 잘못 자를까 조심조심 입을 앙 다물고 작업했을 것 같은 아이의 콧잔등에 송골송골 맺힌 작은 땀방울을 보면서 나는 순간 코끝이 찡하고 뭉클했다.

나는 아이들도 예술의 순간을 만들어낼 수 있다고 생각한다. 세 살은 세 살 수준에서, 다섯 살은 다섯 살 수준에서 하면 된다. 아무리 어린아이라도 흠뻑 몰입해서 스스로 내면적 동기를 일으켜 작업하고 자기의 평소 발달 수준을 뛰어넘는 어떤 작품을 만들 수 있다. 그런 게 '아트'이고, 그런 예술적 순간을 맛보면 아이가 훌쩍 자란다.

그런데 나에게는 이것이 숙제였다. 어떻게 해야 아이들이 아트를 성취하게 할 수 있는가? 선생님은 어떻게 하면 되는가? 어떻게 해야 아이들이 아이다움을 다치지 않으면서 아트를 이루어낼 수 있는가?

나는 그 해답을 미술 치료실에서 찾았다. 미술 치료실에서는 간혹 주 2회씩 만나는 아이도 있지만, 보통은 일주일에 한 번씩 만난다. 미술 치료를 할 때에는 아이들에게 미술적 기교를 일부러 가르치지는 않는다. 치료의 진행 상황에 따라 때로는 그런 것도 필요하지만 대부분의 치료에서는 미술을 가르치지 않는다. 그런데 치료가 진행됨에 따라 아이들이 변화하면 이상하게 아이들의 미술 작품의 질도 변화한다.

위축된 아이들이 자신감이 생겨서 더 자유롭게 되면, 산만한 아이들이 더 집중할 수 있게 되면, 엄마에 대한 분노가 사라지면, 친구들과의 관계가 개선되면 이상하게 그림도 완전히 달라졌다. 더구나 그 변하는 속도가 아이들에게 미술적 기교를 가르쳐서 변하는 속도와 비교할 수 없을 정도로 빨랐다. 단 한 번의 미술 작업으로 그림이 완전히 변한 적도 많았다.

H는 늘 자신감이 없어서 미술 치료실을 찾아온 초등학교 2학년 남자아이였다. H는 그림을 그릴 때마다 엄마와 선생님에게 혼이 났다. 아무리 큰 도화지를 주어도 구석에 아주 작은 그림만 서너 개 그려 넣었기 때문이다. 엄마는 H가 답답하고 걱정된다고 했다. 평소에 애가 자신감도 없는데 그림까지 저렇게 만날 엄청 작게 그린다고 했다. 아이를 만나 보니 어깨가 축 처져 있었다. 나는 H에게 인사를 하고 이야기를 나누었다. H는 자기가 그림을 늘 너무 작게 그려서 '문제'라고 생각하고 있었다.

나는 H에게 그림을 작게 그리는 건 아무 문제도 아니라는 것을 알려주었다. 실제로 그렇다. 그림을 아주 작게, 그것도 돋보기로 보아야만 겨우 보일 정도로 작게 쌀알 위에 그림을 그리는 작가도 있다. 그림을 꼭 크게 그려야 좋은 건 아니다.

그림의 크기는 대개 아이의 자신감과 연관이 있다. 아이의 자신감이 떨어져서 그림이 작아진 것이지, 그림을 작게 그리는 것 자체가 문제는 아니다. 자신감을 회복시켜야 하는 문제이지, 그림을 크게 그리도록 만들어야 하는 게 관건은 아니다. 그리고 자신감을 회복하면 그림의 크기는 저절로 커진다.

아이에게 그림을 작게 그리면 안 된다고 야단치거나 지적할수록 자신감은 점점 떨어진다. 자신감이 없어서 목소리가 기어 들어가는 아이에게 더 크게 말하라고 자꾸 야단을 치는 격이다. 그러면 상황은 점점 더 악화될 뿐이다.

자신감이 없는 아이에게 어른들이 흔히 저지르기 쉬운 실수는 '칭찬'이다. 야단치는 것만큼이나 좋지 않다. 칭찬 중에서도 두루뭉술한 칭찬, 즉 잘했다, 멋있다, 최고다 같은 밑도 끝도 없고 구체적이지 못한 칭찬이 문제다. 아이들은 어른들이 생각하는 것보다 훨씬 더 똑똑하다. 자신이 잘하지 못한 걸 자신도 안다.

그런데 어른들이 자신감을 살려준답시고 자꾸 거짓으로 칭찬을 하면 어른에 대한 불신감만 생기고 자신감 향상에 전혀 도움이 되지 않는다. 더구나 그런 칭찬을 빙자한 평가는 아이들을 불안하게 만든다. 자신감이 없는 아이에게는 사탕발림 같은 칭찬이 필요한 게 아니라, 평가하지 않는 마음 편한 상황을 만들어 주고 스스로 계속 시도하게 해서 마침내 진짜 성취감을 맛보도록 하는 것이 필요하다.

자신이 진정으로 성취감을 느끼면 어른들의 칭찬 따위는 필요 없다. 몇 날 며칠 걸려서 마침내 레고 조립을 완성하는 아이를 상상해 보라. 누가 꼭 칭찬을 해야만 아이에게 레고 조립에 대한 자신감이 생기는가?

H도 마찬가지였다. 실제로 H는 어떤 이유 때문이든 자신감이 떨어져 있었다. 막내아들이었던 H에게 엄마가 과잉보호를 해서건 아빠가 자주 야단을 쳐서건 원인이야 다양하겠지만 원인을 꼭 알아야

변화가 일어나는 건 아니다.

나는 H에게 미술 치료실에 있는 재료를 하나하나 소개하며 사용해 보고 싶은 재료를 고르라고 했다. H는 찰흙을 골라서 당시에 굉장히 유행하던 포켓몬스터 시리즈를 만들기 시작했다. 당시 내 아이가 어릴 때라 H 못지않게 포켓몬스터 시리즈에 대해 잘 알고 있었던 나는 H와 함께 신나게 포켓몬스터 시리즈를 만들기 시작했다. 캐릭터들의 작은 특징까지 표현하며 H는 찰흙으로 만들기에 몰입했다. 나는 H가 표현한 소소한 디테일에 열광했다. 남들은 지나치기 쉬운 특징들인데 H는 꼼꼼하게 신경을 쓰며 잘하려고 애썼다. 그런 점을 내가 알아주자 H는 더욱 신나게 작업했고 H와 나는 정말 그 시간이 재미있었다.

정해진 시간이 끝나고 나서 H는 다음 주에 하고 싶은 것을 벌써 마음에 정했다고 했다. 다음 주에는 다른 캐릭터들을 그릴 거라고 했다. 다음 주에 H가 그린 캐릭터들의 크기가 어땠을 것 같은가? 나는 작게 그려도 아무 상관없다고 말했지만 H의 그림은 오히려 더 커졌다. 자기가 표현하고 싶은 디테일을 다 나타내자면 그림을 크게 그릴 수밖에 없다. 아무도 잔소리하지 않았는데 스스로 그림을 크게 그렸다. 작게 그리는 자신이 더 이상 '문제'가 아니라는 것을 알게 되고, 자신이 꽤 멋지게 미술을 할 수 있다는 것을 몸소 깊이 체험한 딱 한 시간의 경험이 마법같이 아이를 바꾸어 놓았다.

유레카의 순간이 왔다. 아이들이 아트를 이루게 하려면 어떻게 해야 할지 알아내는 것이 숙제였는데 마침내 해답을 찾았다. '하트'가 되면 '아트'가 된다!

아트를 성취하지 못하게 가로막는 하트의 미완성인 부분을 채워주면 아이들은 마침내 스스로 아트를 이룬다.

일반적으로 미술 학원에서는 아이들의 미술 능력이 미숙하다고 생각되면 미술적 기술을 가르쳐 주는 방식으로 아이들의 미술 수준을 올리려고 한다. 문제는 그렇게 하면 아이들이 가진 순수함과 창의성이 손상된다는 것이다. 나무는 이렇게 그려야 되고 구도는 이렇게 잡는 것이며, 또 사람은 이렇게 그려야 된다는 식으로 그림 그리는 정답을 가르쳐 주면, 아이들이 그림을 빨리 배울 수 있다고 생각하기 쉽다. 하지만 그렇게 하면 빈대 잡다가 초가삼간 태우는 꼴이 된다.

반면 하트를 통해 아트를 이루면 아이들이 지닌 소중한 것이 손상되지 않는다. 아이들은 자신감이 더 커지고, 끈기 있게 집중하고 몰입한다. 또 외부의 보상 때문에 작업에 임하는 것이 아니라 스스로 마음을 내서 노력하고, 결과에 연연하지 않고 다시 대범하게 도전하며, 다른 사람의 아픔에 공감하고, 공동체를 위한 가치를 자기 인생의 목적에 포함시킨다. 그러면 어떤 아이들의 작품이라도 감동을 주는 예술이 될 수 있다.

아이들의 마음이 변하면 작품의 질은 당연히 따라서 변한다. 하트가 이루어지는 과정에서 아트는 저절로 이루어지는 부산물이다. 어떤 아이는 치밀하게 그려서 감동을 주고 어떤 아이는 굵직하고 단순한 표현으로 감동을 준다. 어떤 아이는 화려한 색으로 감동을 주고 어떤 아이는 담백한 무채색으로 강렬한 인상을 준다. 그런데 아트를 아트 그 자체로 해결하려고 하면 선생님은 자기도 모르게 아이들에게 정답을 강요하게 된다.

아이들과 작업할 때 미술이 잘 안 된다고 느껴지면 아이의 어떤 하트 때문에 아트가 안 되고 있는지 점검해 보는 것이 우선이다. 자신감이 부족한지, 몰입하지 못하는지, 진득하고 끈기 있게 지속할 수 없는지, 기분이 우울한지, 실패를 두려워하는지 등등.

하트가 되어 아이들이 작업에 몰입할 수 있다면, 그리고 아이들이 그냥 즐겁게 작업만 해도 필요한 모든 것을 얻을 수 있도록 잘 고안된 수업 프로그램이 있다면, 아울러 그런 전 과정을 함께하며 북돋워 주는 선생님에게 심리미술적인 교수 방법만 있다면 아이들은 스스로 자라서 꽃을 피운다.

24장

인지 발달보다
정서 발달이 먼저다

'아니, 이렇게 아픈데, 세상의 여자들은 어떻게 60억 명도 넘게 낳은 걸까?'

침상이 열 개는 되어 보였던, 마치 아기 공장 같았던 종합병원 분만 대기실. 수시로 '그곳'을 들여다보는 젊은 레지던트 의사에게 수치심을 느낄 새도 없이 아무리 진정하려 해도 옆 침대에서 질러대는 처절한 비명에 심장이 터질 듯 두려웠던 산통의 시간. 20년이 넘게 지난 지금도 엄마가 되던 그 순간이 생생하다.

도저히 이해하지 못할 그 고통의 시간들이 지나면 거짓말같이 출산의 순간이 찾아온다. 아기가, 내 아기가 나온다!

세상의 모든 엄마들에게 아기와의 첫 만남은 고통과 기쁨이 혼재된 아주 독특한 경험이다. 나에게는 출산 이전에도, 이후에도 이렇듯 드라마틱하게 고통과 기쁨이 교차된 순간이 없었다.

열 달 간 무거운 배를 안고 잘 먹지도 잘 자지도 못하고 살얼음판을 걷듯 조심조심 지켜 온 내 아기. 그 시간이 지루하고 힘들어 얼른 나왔으면, 빨리 나왔으면 했다. 그런데 막상 아기를 낳아 보니 할머니들이 하신 말씀이 어쩜 이렇게 딱 맞는지!

"뱃속에 있을 때가 젤 편한 거여~."

출산 후 병원을 나서는 순간, 각종 육아서와 동네 언니 군단의 조언으로 무장한 초보 엄마의 좌충우돌 육아 생활이 시작된다. 목욕물 온도는 몇 도가 좋다더라, 젖은 하루에 몇 번 먹이는 거라더라, 계속 뉘어 놓으면 뒤통수가 납작해진다더라, 유모차는 어디 것이 좋다더라, ~더라, ~더라, 끊임없는 '~더라' 정보들.

요즘 엄마들에 비하면 아주 어린 나이에 엄마가 된 나는 더 심했다. 내 품에 안겨 있는, 따뜻한 냄새를 풍기는 요 작은 생명이 행여나 혹 꺼지기라도 할까 봐 세게 안지도 못했고, 잠들어 있는 모습이 너무 고요해 혹시 죽었나 싶어 수시로 콧구멍에 귀를 대 보기도 했다.

혹시 내가 잘못 키워 큰일이라도 날까 봐 애가 조금이라도 이상하다 싶으면 사방팔방 묻고 다녔고, 아무리 힘든 하루를 보내도 쌔근쌔근 잠들어 있는 녀석을 보면 저절로 엄마 미소가 피어났다. 그런데 큰애가 벌써 대학생이다. 8년 터울인 작은 녀석도 어느새 쑥쑥 자라 형과 둘이서 영화 보러 다니는 나이가 되었다.

두 아이를 키우면서 제발 '엄마 되는 코스' 강의가 어디든 있었으면 했다. 그냥 수강료를 내고 등록하면 하나부터 열까지 선생님이 다 가르쳐 주는 엄마 되기 코스. 아이가 사춘기가 되면 특강비를 더 내더라도 상관없다. 사춘기 좀 무사히 넘어갔으면!

그렇게 하나부터 열까지 모르는 것투성이라서 시행착오를 거듭해 온 엄마 노릇. 그중에서도 특히 신체 발달보다 정서 발달에 대해 모르는 것이 생길 때가 더 어려웠다.

이렇게 나 역시 좌충우돌의 과정을 겪었기에 심리 치료실을 찾는 엄마들의 고충을 충분히 이해한다. 엄마는 그저 아이가 잘되기를 바라며 온갖 정성을 들이지만, 오히려 그것이 아이를 망쳐서, 오랜 시간 쌓이고 쌓이다가 결국 병적인 증상으로 나타나는 경우가 적지 않다. 엄마 입장에서는 임신 때부터 얼마나 조심조심 공들여 쌓은 탑인가! 그런데 알고 보니 거꾸로 쌓은 것이다. 결국 어느 순간 탑은 우르르 무너지고 치료실을 찾게 된다.

바르게만 쌓는다면 늦게 쌓는 건 별로 문제가 되지 않는다. 거꾸로 쌓아도 천천히 쌓는다면 차라리 덜 심각하다. 문제가 천천히 발생해서 고칠 기회가 많기 때문이다. 가장 큰 문제는 엄마가 열심까지 더해서 너무나 빨리 탑을 거꾸로 쌓아 올리는 경우이다.

그렇다면 어떤 거꾸로 쌓기가 가장 흔할까? 내가 발견한 가장 흔한 경우는 인지 발달이 정서 발달보다 우선하는 양육이다. 게다가 한국 엄마들은 너무 열심이다!

아이가 자라는 데에는 순서가 있다. 물론 디테일한 순서와 시기는 아이마다 조금씩 다를 수 있지만 그 순서는 대체로 세계 공통이다. 예를 들어 가만히 누워 있던 아기는 어느 순간 스스로 몸을 뒤집고, 다음에는 기고, 한참을 기다가 서고, 그리고 나서는 걷게 된다. 알아들을 수 없는 소리로 옹알이를 한참 한 후에야 말을 할 수 있게 되고, 뭔지 모를 낙서를 한참 한 후에야 사람, 집, 나무 등을 그리게 된다. 엄마 마음이 급해서, 아직 옹알이하는 아이에게 정확한 발음을 요구하거나, 기지도 못하는 아이에게 걷기 훈련을 시키면 어떻게 되겠는가?

마찬가지로 어릴 때는 인지 발달보다 정서 발달이 먼저 이루어져야 하는데, 많은 엄마들은 아이가 자존감을 튼튼히 만들고 있는지, 부모와의 애착은 잘 형성되고 있는지에 관심을 가지기보다 옆집 아이보다 말이 늦다든지 한글을 늦게 뗀다든지에 더 큰 관심을 쏟는다.

똑똑한 아이로 자라지 못하는 것을 걱정하다 보니 아이를 닦달하게 되고, 그러면 부모와의 관계가 틀어지고 나빠져서 아이들은 마음에 병이 난다.

마음에 병이 나면, 즉 우울하고 짜증나고 화가 나면 사실 공부가 되지 않는다. 공부는 정말 힘든 일이다. 자기 바깥에 있는, 눈에 보이지 않는 어떤 것을 안에다 새겨야 하는 작업이기 때문이다. 이런 힘든 작업을 해야 하는데 마음 밭이 고르고 비옥하지 않으면 공부 농사가 잘 될 턱이 없다.

탑을 제대로 쌓으려면 어릴 때는 탑의 높이에 연연하지 말고 탑의 밑면을 튼튼하고 넓게 만들어야 한다. 앞으로 평생을 공부할 아이이기 때문에, 지금 영어 단어 하나 더 알고 받아쓰기 점수 10점 더 받는 것은 전혀 중요한 일이 아니다.

아동 미술 교육에서 왜 '하트'를 이야기해야 하는가에 대한 나의 두 번째 대답은 이렇다. 탑을 차근차근 제대로 쌓기 위해서는 미술 교육 역시 어릴 때는 정서 발달을 우선시하고 나이가 들수록 미술적 성취에 더 많은 비중을 두는 방향으로 진행되어야 한다.

똑똑한 아이보다는 마음이 따뜻하고 건강한 아이로 자라는 것이 우선이기에, 아동 미술 교육은 반드시 정서 발달을 우선시해야 한다. 따라서 미술적 기교를 가르치기보다는 미술을 통해 아이들의 마음이 건강하게 자라도록 해야 한다. 특히 기계 문명이 발달하고 인간 소외가 심해지는 현대 사회를 살아가는 아이들이기에, 평생 살아가는 데 필요한 마음의 면역력을 어릴 때 튼튼하게 키워 주는 것은 이제 선택이 아니라 필수다.

25장

미술에 필수인
내면적 동기

어느 날부터인가 나는 내 사무실에 뭔가 이상한 일이 벌어지고 있음을 느꼈다. 우리 회사는 따로 청소를 담당하는 인력을 둘 정도의 규모가 아니라서 각자의 사무 공간을 각자가 치우는 분위기였는데, 어느 날부터 아침에 출근해 보니 내 방의 쓰레기통이 항상 비워져 있었다.

알고 보니 누군가가 내 방뿐만 아니라 회사 전체를 매일 아침 쓸고 닦았던 것이다. 우렁 각시를 찾고 보니 그는 바로 얼마 전에 입사한 신입 사원이었다. 누가 시키지도 않았는데 매일 한 시간씩 일찍 출근해서 그렇게 한 것이다. 그것도 한 달이 넘도록!

내가 처음으로 누군가에게 월급을 준 것은 약 15년 전이다. 그런데 이것은 15년 동안 겪어 보지 못한 일이었다. 대개는 직원들이 제

시간에 맞춰서 출근만 해도 감지덕지였다. 그리고 그들은 출근하면 커피 마시고 담배 한 대 피우고 업무를 시작하는 것이 일반적이었다. 열의 아홉은 그렇게 일했다. 그런데 이상한 존재가 하나 들어온 것이다. 그 직원은 현재 우리 회사 최연소 팀장으로 일하고 있다.

그러고 보니 예전에 그와 비슷한 직원을 접한 적이 있었다. 내가 미술 치료 센터와 부설 미술 학원을 같이 운영할 때였는데, 그녀는 아이들의 미술 수업을 담당한 선생님이었다.

그녀 역시 우렁 각시처럼 일했고, 출근한 나를 깜짝깜짝 놀라게 하곤 했다. 시키지도 않은 수업 연구를 다른 선생님들과 자발적으로 함께하거나 계절이 바뀔 때마다 교구장과 책상을 이리저리 옮겨서 인테리어를 싹 바꾸곤 했다. 놀라서 입이 떡 벌어져 있는 나에게 그녀는 이렇게 말하곤 했다.

"쌤~, 인제 봄이잖아요!"

그녀는 지금 모 대학의 교수가 되어 있다.

이 두 사람의 공통점은 무엇일까? 바로 '누가 시키지 않아도 스스로, 원래 마땅히 해야 하는 수준보다 기꺼이 더 한다'이다. 그리고 '기쁘게 일하고 마침내 성공한다'는 공통점도 있다. 이 두 사람을 끌어 가는 힘은 바로 내면적 동기이다.

사람의 행동을 이끄는 동기에는 두 가지가 있다. 외면적 동기와 내면적 동기. 먼저, 외면적 동기는 상이나 월급, 명예나 장난감 등 주로 외적 보상에서 오는 동기를 말한다. 이런 동기는 'IF 네가 무엇을 한다면, THEN 내가 무엇을 해 줄게'로 표현된다.

'네가 만약 일을 더 열심히 하면 월급을 더 올려 줄게.'
'네가 만약 공부를 더 열심히 하면 용돈을 더 줄게.'

외적 보상 시스템인 외면적 동기는 얼핏 보면 즉각적으로 행동을 이끌어내는 데 효과적으로 보일지 모르지만, 보상이 사라지면 해당 행동도 사라지는 맹점이 있다.

게다가 다른 사람의 평가나 외적 평가에 좌우되는 사람은 자신만의 고유한 안정감을 잃기 십상이고, 참다운 자기로 살기보다 남이 원하는 삶을 살게 되기 쉽다. 게다가 자신이 진정으로 원해서 하는 것이 아니라 외적 보상을 위해서 하게 되므로 행위 자체에서 즐거움을 얻기도 어렵다.

반면, 내면적 동기로 움직이는 사람은 행위 자체를 좋아해서 한다. 누군가가 외적 보상을 주기 때문에 움직이는 것이 아니라 자신이 그 일을 좋아해서 스스로 한다. 자가발전 에너지이다. 월급을 많이 준다고 일을 더 하는 것이 아니라 일이 재미있어서 한다. 선생님이 내준 숙제를 안 하면 야단을 맞으니까 하는 게 아니라, 공부 자체가 재미있어서 한다. 억지로 하는 게 아니라, 자신이 좋아서 하니까 일을 하는 중에도 기쁨이 있다. 힘든 일이어도, 도중에 어려움을 만나도, 자신이 선택해서 스스로 내면적 동기를 일으켜 하게 되면 뭐든 거뜬히 이겨낸다.

좋아해서 하고 기뻐하면서 하면 대체로 결과도 좋게 마련이다. 설사 그 결과가 예상에 미치지 못하더라도 괜찮지 않은가? 아이가 스스로 공부하고 기쁘게 매진해서 나온 결과가 전교 일등이 아닌들 어떠랴.

기업에서도 마찬가지다. 내면적 동기가 충만한 인재를 원한다. 억지로 일하는 게 아니라 자기 스스로의 동기와 에너지로 일하는 사람. 사장 입장에서든 같이 일하는 동료 입장에서든 내면적 동기가 충만한 사람이 환영 받는다.

내가 이제껏 직원들을 만나면서 늘 고민한 것은 '어떻게 하면 직원들이 스스로 마음을 내서 즐겁게 일하며 성과를 내도록 할 수 있는가?'였다.

그냥 성과를 내는 것만이 목적이었으면 좀 더 쉬웠을지도 모른다. 당근과 채찍의 원리도 있고, 일을 더 잘하는 방법을 열심히 가르쳐 줄 수도 있으니까.

그런데 나에게는 직원들이 성과를 내는 것보다 '스스로, 기꺼이, 기쁘게' 일을 해 내는 것이 더 중요했다. 그래야 회사뿐만 아니라 직원들 자신에게도 발전이 있고, 어려움이 닥쳐도 이겨낸다. 어려움을 겪지 않고는 살아갈 수 없기에 어려움을 피하기보다 그것을 이기는 힘을 함께 공유하고 키우고 싶었다.

자식을 낳아 기르면서도 똑같은 고민을 했다. '어떻게 하면 아이가 스스로 마음을 내서 공부나 자기 관리를 하여 성과를 내도록 할 수 있는가?'였다. 그냥 성적만 올리는 것이 아니라 아이 스스로 하게 하는 것, 기왕이면 그 길이 힘들더라도 기쁨이 있었으면 하는 것이었다. 아마도 이것은 나뿐만 아니라 모든 사장과 리더, 모든 선생님과 부모의 고민일 것이다.

처음에는 강화와 보상으로 행동을 수정하는 '행동 수정의 원리'에 입각해 문제를 풀어보려고 했다. 내가 원하는 행동(목표 행동)을 보일 때 보상을 주면 그 행동의 빈도나 강도가 늘어날 거라 생각했다.

그래서 칭찬을 아낌없이 했다. 직원이 조금만 잘해도 칭찬을 했다. 그러면서 직접 내가 모든 것을 제어했다. 심지어 사업 설명회 때 내놓을 간식의 종류까지도 일일이 정해 주었다. 나는 답을 제시하고 직원들이 따르게 했다. 내가 이 일을 가장 잘하는 사람이므로 나보다 더 나은 답을 낼 사람은 사실상 없다고 본 것이다.

사업 초기에는 자금이 빠듯해 인건비를 넉넉하게 쓸 수가 없었다. 그러다 보니 직원들 대부분이 신입이었다. 당연히 경험이 부족한 신입 직원들은 나보다 더 잘할 수가 없었고 나는 늘 앞에서 진두지휘하는 리더였다. 그리고 내가 제시하는 답에 조금이라도 가깝게 해 내면 행동 수정 이론을 참고해서 칭찬을 남발했다.

그런데 나는 늘 피곤했다. 직원들은 모두 성실하고 착했지만 뭔가 잘못되고 있는 것 같았다. 내가 지시를 하면 열심히 하기는 했지만 내가 지시하기 전에 움직이는 직원이 별로 없었다. 그렇다 보니 하나부터 열까지 내가 일일이 간섭해야 했고 나는 너무나 바빴다. 더 큰 문제는 직원들에게 기쁨이나 생기가 별로 없어 보였다.

그러다가 내면적 동기 이론을 접하게 되었다. 어떻게 보면 행동 수정의 원리와 정면으로 배치되는 이 이론이 주장하는 바는, '강화와 보상 같은 외면적 동기가 단기적으로는 효과가 있을지 모르지만, 장기적으로는 내면적 동기를 해치기 때문에 결국 나쁜 결과를 가져온다는 것'이다.

마이클 샌델의 저서 중 『돈으로 살 수 없는 것들』에는 스위스 핵폐기물 처리장의 사례가 나온다. 스위스는 에너지의 대부분을 원자력에 의존하고 있는 나라이다. 스위스 정부는 한 산골 마을이 핵폐기물 처리장을 설치하기에 가장 안전하다는 결론을 내렸다. 마을 사람들의 51퍼센트는 국가를 위해 기꺼이 이 결정을 받아들이겠다고 말했다. 그런데 그 이후에 경제학으로 쉽게 설명할 수 없는 상황이 벌어졌다. 의회가 그 대가로 매해 6,000유로를 주겠다고 하자, 주민들의 찬성률이 오히려 25퍼센트로 줄어든 것이다.

이 사례는 행동 수정 이론이나 일반적인 경제 논리로 설명되지 않는다. 샌델은 금전적인 보상이 주민들의 시민으로서의 의무와 책임 의식을 오히려 약화시켰다고 말한다. 이런 인센티브는 본래 행위가 지닌 인간적인 '도덕심, 사랑, 배려, 감사, 희생, 공정성' 등의 가치를 떨어트려 역효과를 일으킨다는 것이다.

EBS 특선 다큐멘터리 「학교란 무엇인가」 중 '칭찬의 역효과' 편을 보면 아이들에게 야채 주스를 주는 실험이 나온다.

A팀 아이들한테는 "너희가 당근 주스를 너무 잘 마셔서 선생님이 칭찬 스티커를 붙여 주겠다"고 했다. 반면 B팀 아이들은 그냥 당근 주스를 마시게 했을 뿐, 아무런 칭찬을 하지 않았다.

실험 마지막 날 두 팀 모두 당근 주스를 마시게 하고 칭찬을 하지 않자, A팀 아이들은 당근 주스를 절반밖에 마시지 않았지만 B팀은 모두 마셨다. A팀은 칭찬이 더 이상 주어지지 않자 주스를 마시지 않은 반면, 그동안 당근 주스의 맛을 알게 된 B팀은 남김없이 마신 것이다.

어쩌면 아이를 키우는 부모나 교사가 신경 써야 할 것은 아이가 내면적 동기가 충분한 사람으로 자라게 해 주는 것 하나뿐일지도 모른다. 이 자가발전 에너지만 키워 놓으면 아이는 무슨 일을 하든 자기가 스스로 기쁘게 이끌어 간다.

공부나 일에도 내면적 동기가 이렇게 필수적인데, 하물며 예술은 어떠하겠는가? 예술은 그 자체의 속성이 '자기가 좋아해서 하는 것'이다. 자기가 좋아해서 하는 것이 아니라 '돈을 많이 벌기 위해서', '유명해지기 위해서' 등의 외적 동기가 생기는 순간 예술은 밥벌이나 사기가 되어 버린다.

아이들의 미술도 마찬가지다. 아이들이 미술을 할 때 '그냥 좋고 재미있어서'라는 이유 외에 '잘 그려서 칭찬 받고 싶어서' 같은 이유가 끼어드는 순간 예술적 수준까지 갈 수 없다. 소위 '잘 그리는 법'

을 배워서 그린 아이들의 그림이 아무 감동이 없는 이유가 바로 그런 그림들은 예술이 아니기 때문이다.

따라서 아동 미술 교육에서는 내면적 동기를 키우는 목표가 빠져서는 안 되고, 내면적 동기를 키워 주려면 심리적 접근이 필요하다. 그래서 이 시대를 살아가는 아이들을 위한 제대로 된 아동 미술 교육은 반드시 '심리미술'을 바탕으로 해야 한다.

26장

심리미술이란?

심리미술을 알아보기 전에 먼저 심리미술과 비슷해 보이는 '미술 치료'부터 알아보자. 미술 치료는 미술 활동을 통해서 내담자(client) 의 신체적, 정신적 고통을 제거하거나 덜어 주고 지체된 기능을 발달 시켜서 보다 행복한 삶을 살 수 있도록 도와주는 상담 및 심리 치료 의 한 유형이다. 한국에 미술 치료 개념이 도입된 지는 벌써 20년 가 까이 된다.

미술 치료는 언어적 접근 방식의 심리 치료에 비해 몇 가지 장점 이 있다. 첫째, 미술은 언어로 드러나기 어려운 무의식의 수준까지 드러나게 한다.

우리는 말을 할 때 의식의 검열이 동시에 일어난다. 이 말을 해도 되는지, 이 말을 듣는 다른 사람이 나를 어떻게 생각할지 나도 모르는 사이에 검열하며 말한다. 무의식 수준까지 드러나게 해서 통찰해야만 치료가 더 빨라지는데, 언어로는 한계가 있다. 그래서 꿈을 분석하거나(정신분석학에서는 꿈에 무의식이 반영된다고 믿는다) 최면을 거는 방법을 동원해서 무의식을 짐작해 보기도 한다.

그런데 미술에는 언어보다 무의식이 훨씬 더 많이 작용한다. 하나의 작품이 완성되는 과정을 들여다보자. 보통은 둘 중 하나의 방식으로 시작한다. 첫째, 아무 생각 없이 어떤 것을 그려나가기. 둘째, 어떤 의도를 가지고 그려나가기.

첫 번째 방식은 처음부터 아예 무의식으로 시작한다. 그리고 싶은 것을 그려보라고 했는데 그냥 사과가 생각나서 그렸다고 하자. 이 '그냥'이 무의식이다. 삼라만상 중에 왜 하필 사과인가? 이유를 바로 알 수는 없지만 아무튼 무의식이 작용해서 사과를 선택한 것이다.

두 번째 방식처럼 의도를 가지고 시작할 때에도 마찬가지다. 혹자는 처음부터 의도를 가지고 사과를 그렸다고 치자. 사과를 도화지 내에서 어디에 위치하게 그릴지, 몇 개를 그릴지, 어느 정도로 그릴지, 반듯하게 선 사과를 그릴지 눕힌 사과를 그릴지, 어떤 색을 선택해서 칠할지, 어떤 재료를 사용할지, 어느 정도 그렸을 때 그리기를 마칠지 등 미술 활동은 시작하는 순간부터 끝나는 순간까지 의식과 무의식이 계속 교차하면서 이루어진다. 의식으로 100퍼센트 통제되면서 진행되지 않는다. 따라서 미술은 언어보다 무의식이 훨씬 더 잘 드러나게 한다. 언어를 기반으로 하는 심리 치료보다 장점이 많다.

미술 치료의 두 번째 장점은 눈으로 확인할 수 있는 반영구적인 작품이 남는다는 점이다. 말로 된 언어는 형상으로 남는 게 없다. 녹음을 하면 되지만 한 시간 동안의 상담 내용을 다시 파악하자면 한 시간 동안 꼼짝없이 다시 들어야 한다. 그런데 미술은 한 시간의 결과물인 작품이 남는다. 작품만 보아도 그 한 시간을 단숨에 그대로 짐작할 수 있다. 또 시각적으로 남는 것은 내담자의 성취감을 강화해 준다. 심리 치료 과정은 치료자와 내담자가 함께 어떤 것을 이루어 가는 과정이다. 그 과정의 결과물이 남아서 시간을 반추할 수 있다는 것은 치료 과정에 큰 도움이 된다.

미술 치료의 세 번째 장점은 언어 사용이 자유롭지 못한 사람들, 즉 어린아이나 언어 장애우에게도 적용할 수 있다는 것이다. 어린아이는 언어가 발달하기 이전에 미술을 통해 자신을 표현하기 시작한다. 인류는 말과 글을 쓰기 이전부터 그림을 그렸다. 언어보다 더 즉각적이고 원초적이고 자연적인 표현 방식이다. 따라서 아이의 변화를 파악하고 문제를 해결하는 데에는 미술이 매우 유용한 도구이다.

나는 예전에는 미술 치료사였지만 지금은 심리미술 전문가로 일하고 있다. 심리미술은 미술 치료보다 예방적인 특성을 띠기 때문에, 치료가 필요한 아이가 아니라 건강한 아이를 대상으로 한다. 비유하건대, 미술 치료가 치료제라면 심리미술은 예방 백신이다. 미술 치료가 수술이라면 심리미술은 운동이다. 미술 치료가 손상된 정서를 정상으로 돌려놓는 데 초점을 맞춘다면, 심리미술은 손상되기 전에 미리 방어력을 키우는 데 초점을 맞춘다. 따라서 위에서 말한 미술 치료의 장점은 그대로 취하되 메커니즘을 달리하고 있다. 즉 단점을 고치기보다 장점을 키운다.

한마디로 정의하면, 심리미술은 일반적인 창의 미술에 심리학적 접근을 더한 인문사회적 미술이다. 앞에서 언급했듯이 창조력과 예술적 능력은 고도의 정신 활동이며 마음의 능력이 뒷받침되지 않으면 발현되지 않는다. '하트'가 되어야 '아트'가 된다고 말한 것도 같은 맥락이다. 아이들이 그림 그리기에 자신감 없이 위축되거나, 자립심 없이 의존하거나, 깊이 몰입하지 못하거나, 끈기가 없거나, 스트레스가 지나칠 때는 창의와 예술이 꽃피지 않는다. 외부의 것을 내면화해야 하기 때문에 엄청난 정신 에너지가 필요한 공부도 마찬가지다. '마음(하트)'이 먼저 되지 않으면 공부고 예술이고 창의고 다 될 수가 없다.

다시 말해, 아이들에게는 창의력 교육이 중요하고 창의력은 마음이 건강할 때만 꽃필 수 있기 때문에 나는 창의력과 마음의 능력을 동시에 키울 수 있는 심리미술을 연구 개발해 널리 전파하고 있다. 아이들이 가진 진정한 잠재력과 개성, 무한한 상상력과 창의력, 어른들이 감히 따라가지 못하는 탁월한 예술적 감각을 마음껏 꽃피우도록 하는 데는 심리미술보다 나은 다른 방법이 없다. 아니, 적어도 현존하는 방법 중에서는 가장 효과적인 듯하다.

이러한 심리미술이 이루어지려면 아이들의 정서 발달 과정별 목표를 이룰 수 있게 잘 고안된 심리미술 프로그램과, 심리미술적 수업 구조, 심리미술적 교수 방법이 함께 있어야만 한다. 심리미술적 교수 방법은 미술 치료사의 치료적 개입과 유사하다. 나와 아트앤하트 연구실은 오랫동안 프로그램 개발은 물론이고, 이 특별한 교수 방법을 도출하기 위해 노력해 왔다. 심리 치료를 깊이 공부하지 않아도 미술이나 유아동 교육을 전공한 사람이라면 누구나 쉽게 배워서 수업에 안전하게 적용할 수 있는 교수 방법을 찾아내고 체계화하는 데 5년이 넘게 걸렸다. 정신 역동적 심리학, 인본주의 심리학, 행동주의 심리학 등 심리학의 전통적인 주류뿐만 아니라 인지행동 치료, 감정 코칭, 동기 이론, 몰입 이론 등 새로운 심리학 이론이 나올 때마다 우리의 심리미술이 어떻게 확장될 수 있는지도 연구했다.

이 책에서는 심리미술 교수 방법의 원리와 구체적인 실행 방법을 함께 나누고자 한다. 미술 시간뿐만 아니라 가정에서도 적용하면 적절한 효과가 나타날 것이다.

27장

심리미술
프로그램

심리미술 프로그램에 대한 가장 흔한 오해는 그것이 마치 다른 별에서 온 것처럼 전혀 듣도 보도 못한 새로운 프로그램일 것이라는 생각이다. 심리미술 프로그램뿐만 아니라 미술 치료 프로그램 역시 마찬가지다. 미술 치료 프로그램도 일부 그림 검사들을 제외하고는 겉으로 보기에 일반 미술 프로그램과 크게 다를 바 없다.

심리미술 프로그램에서도 자화상을 그리고 정물화를 그리고 풍경화도 그린다. 다만 그 진행하는 방법과 디테일이 다를 뿐이다. 형사가 범인을 잡을 때 잠복수사라는 기법을 사용하는데, 거기에 범죄심리학을 동원하면 심리학적으로 범인이 출현할 가능성이 가장 높은 장소와 타이밍에 잠복수사를 할 수 있다. 이와 마찬가지로, 심리미술은 일반 창의 미술에 심리적 깊이를 더한 것이다.

따라서 일반인이 보기에 같은 활동을 하는 것처럼 보일지 몰라도 내면을 들여다보면 진행 과정이나 디테일에 많은 차이가 있다. 그렇다면 심리미술 프로그램을 만들 때 어떤 요소를 고려해야 하는지 알아보자.

이미지와 상징의 영향에 대한 고려

일반 창의 미술이 창의적 예술 능력 향상을 목적으로 한다면, 심리미술의 목적은 창의 인성적 예술 능력의 향상이다. 따라서 심리미술 프로그램은 프로그램과 재료가 아이들의 정서에 미칠 영향을 깊이 고민해서 만들어야 한다.

사실 나로서는 예술이라는 이름으로 자행되는 비교육적 상황이 우려될 때가 많다. 가장 흔한 예는 미술의 상징적인 힘을 간과한 채 판매되는 프로그램들이다. 예전에 어떤 미술 교육 브랜드의 홈페이지를 보니 네 살 남짓한 아이들 서너 명이 비옷을 입고 서로의 몸에 물감이 들어 있는 물총을 쏘며 노는 모습의 사진이 있었다. 아무 색깔도 남지 않는 맹물이 들어 있는 물총과 달리 물감 총은 그것을 쏠 경우 총을 맞는 아이의 몸에 흔적이 만들어진다. 이것은 맹물 물총을 사용하는 경우에 비해 훨씬 더 서로를 죽이는 상징적 행위가 된다. 물론 아이들이 자기들끼리 모의해서 자발적으로 그런 놀이를 한다면 그것은 경우가 다르다. 하지만 어른이 나서서 아이들에게 이런 상징적 행위를 준비시키고 권하는 것은 문제가 된다.

흔히 아이들은 빗자루를 들고 전쟁놀이를 하기도 한다. 그렇기 때문에 이런 종류의 프로그램을 준비해도 별 문제가 없다고 생각했을 수 있다. 하지만 두 상황은 아이들에게 미치는 영향이 완전히 다르다. 스스로 어떤 말과 행동을 할 때에는 내면의 갈등이 표현된다. 그 표현 방식에 따라 단순히 얕은 수준의 해소가 되기도 하고 깊은 수준의 승화가 되기도 하지만, 어쨌든 표현이 가져다주는 긍정적 효과가 있다.

예를 들어 엄마에게 깊은 증오심을 가진 아이가 스스로 "나는 엄마를 죽이고 싶어요"라고 표현한다면 그것은 괜찮다. 엄마를 향한 증오심을 표현하지 못하고 거꾸로 자기 탓을 하며 더 나빠지는 것보다는 훨씬 나을 수 있다. 사실은 하기 싫은데도 부모 말을 너무 순순히 잘 듣는 아이보다는 싫으면 싫다고 표현하는 아이가 더 건강할 수 있다. 그런데 반대의 경우는 완전히 다르다. 선생님이 아이에게 "엄마를 죽이고 싶다고 말해 봐"라고 권하는 경우는 전혀 치유적이지 않다. 자발적이지 않고 어른에게 유도된 승화는 실패하기 쉽다. 신문지를 구기거나 소리를 지르거나 물감을 마음껏 뿌리면 스트레스가 풀릴 것이라고 생각하는 것도 같은 맥락이다.

이미지와 상징은 일반적으로 생각하는 것보다 훨씬 더 힘이 있다. 인간이 정보를 받아들이는 데 사용하는 감각 기관 중 가장 압도적인 비중을 차지하는 것은 시각이다. 어떤 정보가 들어오면 일단은 단기기억으로 저장된다. 같은 정보 입력을 계속 반복하면 장기기억으로 전환되고 반복을 하지 않으면 기억에서 사라진다. 그런데 단기기억으로 저장된 정보를 반복을 거치지 않고 바로 한 번에 장기기억으로 저장하는 방법이 있는데, 그것은 바로 정보를 이미지와 결합하는 것이다. 그만큼 이미지의 효과는 강하다. 더구나 아이들은 스펀지같이 정보를 흡수하므로 그 영향이 더 크다. 프로그램을 개발할 때 이미지와 상징의 이런 심리적 영향에 대해 알면 한 단계 더 높은 교육이 이루어질 수 있다.

예를 들어, 학교와 일반 미술 학원에서 흔히 그리는 '경험화'를 보자. 경험화는 자신이 겪은 일을 그리는 것이다. 그림 일기도 대체로 경험화를 그리는 셈이고 '지난 주말에 한 일 그리기'도 경험화이다. 경험화를 그냥 그리면 단순히 그림 그리는 훈련밖에 되지 않는다. 심리미술에서는 경험화를 그림 그리는 훈련이자 경험을 재통합하는 기회로 삼는다.

'엄마의 잔소리'라는 프로그램이 있다고 하자. 엄마가 주로 하는 잔소리를 듣는 상황을 표현하는 것이다. 아이들이 겪는 경험은 일방적이고 수동적인 것일 때가 많다. 아이가 분명히 어떤 정서 문제가 있을 것인데 대개는 미해결된 채로 찜찜하게 남는다. 그런 경험을 그림으로 그리면 미해결된 경험을 '상징적으로' 재경험하게 된다. 게다가 이제는 아이가 창조자로서 능동적으로 경험을 재조명하고 거기에 새로운 의미를 부여할 수도 있다. 즉 작품에 대해 이야기를 나누면서 자신의 감정을 선생님이나 친구들과 공유함으로써 미해결된 감정의 찌꺼기를 씻게 된다. 또 그런 잔소리를 듣게 된 본인의 행동을 왜 고쳐야 할지, 어떻게 고쳐야 할지 스스로 선택함으로써 이제 그 경험을 건강하게 매듭지을 수 있게 된다. 아울러 그 모든 것을 그림으로 그려 내야 하기에 미술 능력이 자라는 것은 당연한 일이다.

재료와 매체의 영향에 대한 고려

미술 재료가 요즘은 너무나 다양해졌다. 점토 종류만 하더라도 예전에는 찰흙 하나밖에 없었는데 이제는 지점토, 천사점토, 아이클레이, 데코찰흙 등등 너무 많아서 일반인은 뭐가 뭔지 구별하지 못할 정도이다. 물감도 수채 물감, 아크릴 물감, 유화 물감, 템페라 물감, 녹말 물감 등 종류가 많아졌다. 심리미술 프로그램을 개발할 때는 재료와 매체가 아이들에게 주는 영향을 알고 적용해야 한다. 재료와 매체는 다음의 특성을 동시에 가진다.

1. 물리적인 특성

재료가 지닌 딱딱하거나, 부드럽거나, 물기가 많거나, 거칠거나, 잘 부러지거나, 탄성이 강한 것 같은 물리적 특성을 말한다. 습자지는 한지보다 가볍고 잘 찢어진다. 크레파스는 깎아 쓰는 색연필보다 부드럽다. 연필은 물감보다 건조하다. 재료의 이런 고유한 물리적 특성은 아이들에게 각기 다른 정서를 불러일으킨다.

일반적으로 미술 재료는 물기가 적고 딱딱한 재료일수록(연필, 색연필 같은 그리기 재료) 다루기가 쉽다. 반대로 점토와 물감 등 물기가 많은 재료일수록 마음대로 다루면서 작업하기가 어렵다. 바꾸어 말하면, 다루기가 수월한 재료로는 마음속 깊은 곳의 무의식을 드러내기가 어렵다. 의식적인 통제가 가능하기 때문이다.

만약 정서가 잘 드러나게 해야 하는 프로그램인데 너무 건조한 재료로만 구성하면 아이들의 마음이 잘 표현되기 어렵다. 그렇다고 물감 같은 물기 많은 재료로만 구성하면 다루기가 어려워 좌절하기 쉽다. 따라서 어떤 특별한 의도의 프로그램을 제외하고 일반적으로 일대일이 아닌 집단 수업에서의 프로그램은 재료의 건습 정도를 다양하게 구성하는 것이 무난하다. 크레파스로만 끝내는 작업보다는 물감을 적절히 섞어 사용하는 것이 아이의 정서를 좀 더 풍부하게 끌어낼 수 있다.

2. 사회 문화적 용도에 따른 특성

밴드와 반창고는 상처를 치료할 때 사용한다. 화장지는 무엇을 닦는 데 사용한다. 송곳이나 이쑤시개는 찌르거나 파낼 때 사용하고, 상자는 무언가를 담을 때 사용한다. 재료의 이런 사회 문화적 용도 또한 재료의 물리적 특성과 함께 고려해야 한다.

예를 들면 상자는 비교적 단단해서 어떤 것을 그 안에 담을 수 있다. 뚜껑을 닫으면 밖에서 안이 보이지 않는다. 안전한 느낌도 주고 동시에 폐쇄적인 느낌도 준다. 상자의 이런 특성을 활용하여 자신을 표현하는 프로그램을 만들 수 있다. 그냥 평면에 '나'를 그리는 것보다 상자를 활용하여 상자 안쪽에는 내가 보는 나, 즉 남은 보지 못하는 나의 모습을 표현하고 상자 바깥에는 남이 보는 나의 모습을 표현하게 하면 아이의 미술적 능력을 키우는 동시에 아이가 자신의 내면을 건강하게 표현하는 기회가 될 수 있다. 이때 상자라는 매체는 굳이 선생님이 수업 중에 "여러분, 자, 이 상자는 안전함을 상징합니다"라고 말하지 않아도 아이들에게 안전과 보호 그리고 내밀함 같은 느낌을 주는 자연스러운 자극이 된다.

주제의 심리적 영향에 대한 고려

프로그램의 주제 역시 아이들의 정서적 경험에 큰 영향을 미친다. 이 말은 얼핏 들으면 당연한 듯하지만 실제 교육 현장에서는 말과 행동이 따로 노는 경우가 많다. 대표적인 예가 할로윈 프로그램이다. 해마다 할로윈이면 사교육 시장 전체가 들썩거린다. 영어 학원은 물론이고 유치원, 특히 미술 학원들은 할로윈 이벤트에 몰두한다. 아이들에게 해적이나 해골 분장을 시키는데, 사실은 아이들보다 어른들이 더 재미있어 하는 것처럼 보인다.

나는 아이들과 미술을 해온 지 벌써 25년 가까이 흘렀지만 할로원 이벤트 프로그램을 해본 적이 없다. 처음에는 아이들에게 악마, 어둠의 세계, 거미줄, 귀신 같은 기분 나쁜 연상이 드는 분장을 시키는 게 막연히 싫었다. 나중에는 할로윈의 기원을 알고 나서 아트앤하트 전체에서 할로윈 이벤트를 하지 못하게 했다. 영어 학원이나 유치원에서 할로윈 이벤트 수업을 한 아이들이 밤에 무서운 꿈을 꾼다고 하는 얘기도 많이 들었다.

할로윈 분장은 할로윈 데이에 지하세계에서 올라오는 악령들의 해코지를 피하려고 그들과 비슷하게 꾸민 것에서 비롯되었다고 한다. 악령과 같은 편으로 보이게 꾸미다니 너무 얍삽하고 비굴하지 않은가?

몇 년 전 어느 지자체가 주최한 축제에서 벌어진 '논개 체험'도 같은 맥락으로 볼 수 있다. 실물 크기의 일본 왜장의 모습을 한 에어쿠션 인형을 안고 높은 곳에서 뛰어내리는 체험을 아이들에게 시킨 것이다. 정신 나간 행사라고 인터넷이 들끓었다. 아이들은 스릴도 있고 색다른 체험이라 재미있었을지 모른다. 하지만 이렇게 아이들이 재미있어 한다고 다 옳은 것은 아니다. 혹자는 뭘 그리 심각하게 구느냐고 할지도 모르지만 그런 하나하나가 모여서 아이들의 정신세계를 이룬다.

심리미술 프로그램은 이와 같이 유해한 정서적 영향을 줄 만한 주제를 피해야 하고, 단순히 A부터 Z까지 조립 매뉴얼을 따라 만들기만 하는 수업에 그쳐서도 안 된다. 심리미술은 일반적인 창의 미술에 심리학이 '플러스 알파'가 되어야 하기 때문이다. 지금은 '티라노사우루스 만들기'나 '손거울 만들기'처럼, 어떤 재료나 주제를 주고 나서 어떤 재료를 먼저 어떻게 자르고, 다음에는 어떤 재료를 어떻게 붙여서 어떻게 하면 짜잔, 완성! 하는 식의 프로그램이 비일비재하다. 그런 수업은 매뉴얼에 따라 정확하게 작업해야 하는 단순 작업자를 키우는 데 아주 적합하다. 아티스트를 키우는 예술 수업은 아니다.

심리미술 프로그램은 마음에서 시작하는 진짜 아티스트를 키우는 수업이므로 주제부터 달라야 한다. 예를 들면 '티라노사우루스 만들기'보다는 '나를 닮은 공룡 만들기', 이런 주제가 더 낫다. 자신을 공룡과 비교해 보면서 상상력을 키울 수 있고, 자신을 초식공룡이나 육식공룡으로 표현하면서 자기 내면에 있는 자신의 모습을 무의식적으로 드러내게 된다. 아이들 각자가 자신을 서로 다른 공룡으로 표현하므로 독창적인 방식을 개발하게 되고, 자신을 왜 그런 공룡으로 생각하는지에 대해 이야기를 나누면 자기에 대한 이해도 깊어진다. 이런저런 다양한 공룡에 대해 미리 알아야 하므로 공룡에 대한 지식이 생기는 것은 당연한 덤이다.

심리미술 프로그램을 개발할 때는 이처럼 주제가 아이들에게 미치는 심리적 영향을 반드시 고려해야 한다. 연구자가 한 번 더 생각하면 아이들에게 일석삼조의 환경을 만들어 줄 수 있다.

5부

마음을 키워주는
심리미술

28장

잡초를 뽑지 말고 꽃을 심어라

심리미술의 기본 원칙

내가 미술 치료사로 일하던 시절, 새로 옮긴 미술 치료 센터는 원래 유치원이 있던 자리였다. 그곳은 아파트가 처음 지어질 때부터 유치원 자리로 만들어진 공간이어서 1층에 제법 넓은 모래 놀이터와 정원이 있었다. 몇 년간 잘 운영되던 유치원이 이사를 간 후 두 번째로 들어선 것은 어린이집이었다. 그런데 잘 관리되던 유치원과는 달리, 일손이 부족해서인지 어린이집 원장이 너무 바빠서인지 관리가 잘 되지 못한 것 같았다.

마당에 들어서니 그곳이 예전에 정원이었는지조차 알아보기 어려울 정도로 잡초와 덤불이 무성하게 뒤덮여 있었다. 방치된 모래놀이터에는 아이들의 과자 봉지가 돌아다니고 있었다. 나는 처음부터 넓은 정원이 딸린 공간을 갖고 싶어서 이곳으로 이사를 결심했기 때문에 임대차 계약을 하고부터 열심히 정원 손질을 시작했다.

우선, 조금 과장해서 내 키만큼이나 자라 있는 풀들을 뽑아냈다. 나 혼자 하기에 벅차서 남편과 이웃 친구들이 시간 날 때마다 도와주었다. 낫과 호미를 동원해서 몇 날 며칠을 뽑아냈더니 그제야 제법 이곳이 예전에 정원이었구나 하는 느낌이 들 정도가 됐다.

그 공간에 원래 있었던 유치원에 우리 집 큰애가 다녔기 때문에 대강 어떤 모습이었는지 기억하고 있었다. 하얀 대문을 밀고 들어가면 계단이 있었고, 계단을 올라서면 담을 빙 둘러 가며 들장미가 송알송알 피어 있었다. 사람이 다니는 길 외에는 잔디로 덮여 있었는데 그 사이사이에 포도나무, 그리고 철쭉과 장미 같은 꽃나무들이 제법 많았다. 그 많던 예쁜 꽃나무들이 잡초 더미에 가려 보이지 않았던 것이다. 키 큰 잡초를 제법 뽑아내니 이번에는 제멋대로 자라 지저분한 아저씨의 턱수염 같은 잔디가 거슬렸다.

지금 생각하면 비용이 들더라도 일꾼을 사서 잔디를 깎았을 것 같은데 당시에는 내가 정원 일을 하고 싶었던 것 같다. 인터넷을 뒤져 잔디 깎는 소형 기계까지 구입했다. 유명한 공구 회사에서 나온 기계였는데, 챙 넓은 모자를 쓰고 그 기계를 부리며 다시 며칠 동안 잔디를 깎고 또 깎았다. 내가 일하는 모습을 보던 건물 관리실장님이 오며 가며 도와주기도 했다. 그렇게 힘들게 깎은 잔디를 정원 구석에 쌓아 놓았더니 그 크기가 집채만 했다. 정원이 100평 정도 됐으니 그럴 만도 했다.

엄청나게 뿌듯했다. 잡초로 뒤덮여 밀림 같던 정원이 조금씩 제 모습을 드러내니 동네 아이들이 기웃거리며 놀러왔다. 엄마 준다며 들장미를 얻어 가거나, 익지도 않은 포도송이를 탐내는 녀석들도 있었다. 내 사무실은 창문이 정원 쪽으로 나 있었기 때문에 정원에서 일어나는 일들이 한눈에 보였다. 포도송이를 몰래 따가려던 녀석들을 관리실장님이 발견하기라도 하면 냅다 소리를 질렀다.

"이 녀석들!"

나는 그럴 때마다 옛날 농촌에서 서리하던 아이들이 생각나서 혼자 '이 녀석들'이 귀여워 낄낄거리곤 했다.

내 인생에서 행복했던 순간들이 여럿 있는데, 당시 정원에서 일했던 기억은 행복한 순간이자 아주 기분 좋은 추억으로 남아 있다. 하루 종일 상담을 하고 오후 대여섯 시쯤 해가 떨어지면 목장갑을 끼고 모자를 쓰고 정원으로 나갔다. 모래 놀이터의 쓰레기를 주운 후 삐죽삐죽 멋대로 뻗은 나뭇가지를 잘라주고 잡초를 뽑는 일은 매일 기본으로 하는 정원 일이었다. 주말에는 가끔 꽃모종을 사다가 듬성듬성 심기도 했다. '행잉 바스켓(hanging basket)'을 사다가 주렁주렁 달았던 어느 봄날에는 정말 기분이 날아갈 듯 좋았다.

그러던 어느 날 나는 내가 하는 방식이 뭔가 잘못되었다는 것을 알아차렸다. 비가 온 뒤면 그 넓은 정원에 우후죽순이라는 말이 딱 어울릴 정도로 잡초들이 소복이 올라왔다. 뽑고 또 뽑아도 잡초는 끊임없이 자라났다. 처음에는 그렇게 재미있던 정원 일이 힘들어지기 시작했다. 매일 아무리 뽑아도 잡초는 끊임없이 올라왔고, 나중에는 잡초에 귀신이라도 붙었나 싶을 정도로 지독한 그 생명력에 내가 지쳐 가고 있었다. 처음 그 정원을 가지게 되었을 때의 기쁨은 온데간데없어지고 나에게는 매일 잡초를 뽑아 주어야 하는 100평의 노동판만 남았다.

에라 모르겠다, 하고 정원을 내팽개친 지 일주일쯤 지나서였을 것이다. 아침에 출근하다가 뭔가를 발견했다. 잔디 사이사이에 소복이 잡초가 꽤 올라와 있었는데, 새로 피어난 장미꽃 더미와 어우러져 보기에 그리 나쁘지 않았다. 그러고 보니 포도나무 아래에도 제멋대로 잡초가 좀 나 있었지만 그런대로 어울렸고, 사람이 다니는 길에 박아놓은 통나무 사이사이에도 자잘한 잡초들이 통나무 둘레에 나 있는 게 이상하게 더 자연스럽고 아름다워 보였다. 머리카락 한 올도 안 삐져나오게 왁스를 발라 딱 빗어 넘겨 묶은 아가씨가 아니라, 책을 읽다가 대충 손가락으로 빗어 넘긴 스타일의 아가씨처럼 자연스럽고 건강해 보였다. 그래서 나는 깨달았다.

'잡초를 뽑지 말고 꽃을 심어야 되는구나!'

어차피 잡초는 끊임없이 올라온다. 그런데 우리가 원하는 것은 잡초가 하나도 없는 정원이 아니라 아름다운 정원이다. 우리는 잡초를 뽑느라 모든 시간을 버리고 꽃을 심을 시간조차 낼 수 없는 멍청한 짓을 자주 하고 있는 것은 아닐까. 게다가 잡초를 뽑을 때보다 꽃을 심을 때 훨씬 행복하다. 우리가 부모로서 자식에게 원하는 것은 잡초가 하나도 없는 정원 같은 무결점의 아이가 아니라 아름다운 성품을 지닌 아이이다. 다시 말하면, 단점이 좀 있더라도 장점이 더 많아 아름다운 사람이다. 남에게 절대 해를 끼치지 않는 삶이 아니라, 오늘 남에게 도움을 받더라도 다음에 그보다 큰 도움을 주는 삶을 사는 것이다.

정원이 나에게 준 교훈은 그동안 아이들을 치료실에서 만나면서 느낀 점과 일맥상통했다. 대개 어른들은 아이들에게 단점이 있으면 그 단점을 끊임없이 지적하고 고치려 든다.

"넌 니 책상 좀 제대로 정리할 수 없니? 도대체 엄마가 몇 번이나 말해야 니 책상을 정리할래?"

"넌 왜 그렇게 느리니? 그래 가지고 시험칠 때 시간이나 제대로 맞출 수 있겠니?"

"넌 동생한테 양보 좀 하면 안 되니? 니 나이가 몇인데 아직도 동생이랑 싸우니?"

좀 심하게 말하면, 아이에게 끊임없이 단점을 지적하는 것은 아이를 나쁘게 세뇌시키는 짓이다. 너는 게으른 아이야. 너는 양보심이 없는 아이야. 너는 집중을 잘 못하는 아이야. 아이는 처음에는 자기가 양보심이 없는 줄 잘 모르다가, 엄마가 하도 자기한테 양보심이 없다고 말하니까 결국 이런 생각을 하게 된다.

"아, 나는 양보심이 없는 아이구나!"

날 때부터 자기가 공부를 못한다고 생각하는 아이는 없다. 엄마

205

가 시험 결과가 나올 때마다 실망하고 이 점수로는 안 된다고 하니까 '아, 나는 공부를 못하는구나'라는 생각을 굳히는 것이다. 그런데 무서운 일은 아이가 자기 이미지를 굳힌 이후에 일어난다. 일단 자기 이미지를 어느 한 방향으로 굳히게 되면, 그 다음부터는 자기 이미지에 딱 부합하는 행동을 하게 된다. 진짜 게을러서 게으른 행동을 하는 게 아니라 '나는 게으른 아이야'라는 자기 이미지가 형성되어 저절로 게으른 행동을 하게 된다는 말이다.

"괜찮아, 어차피 난 게으른 아인데, 뭘."

몇 년 전의 일이다. 어느 날 부모님 댁에 온 가족이 모였다. 마침 고모, 고모부 내외분도 오셔서 함께 둘러앉아 과일을 먹었다. 과일이 나오자 내가 과도를 들고 감을 하나 깎았는데, 나를 지켜보던 고모가 슬쩍 내가 쥐고 있던 칼을 가져가 감을 깎기 시작했다. 그것을 본 동생이 나를 놀렸다.

"으이그, 나는 언니가 진작에 칼 뺏길 줄 알았다. 언니 감 깎아놓은 것 좀 봐라. 기가 막힌다, 기가 막혀. 감 껍질을 깎은 게 아니고, 아예 감으로 조각을 했구만."

그제야 접시를 보니 내가 깎은 감은 뭉텅뭉텅 두껍게 껍질이 잘려 나가 있었다. 껍질을 얇고 길게 깎아야 하는데 아무 생각 없이 감 껍질을 뭉텅뭉텅 대충 깎아 버린 것이다. 감을 보고 있자니 내가 가지고 있던 나의 '자기 이미지' 생각이 났다.

나는 어릴 때 공부를 곧잘 했다. 그런데 실제로는 공부를 못하지

않았지만 늘 나하고 비교되어 위축된 동생을 위해 주변 어른들이 종
종 이렇게 말하곤 했다.

"동영이는 공부는 잘하지만 집안일은 못할 거야. 소영이는 시집
가서 살림도 잘하고 잘 살거야."

나는 어느 새 살림이나 집안일에는 소질이 없다는 자기 이미지를
굳게 형성하고 말았다. 정신이 번쩍 든 나는 고모가 깎던 감 하나를
남겨서 내가 깎아 보겠다고 했다. 나는 어릴 때부터 손으로 하는 일
은 뭐든지 자신 있었다. 과일 깎는 일은 눈과 손의 협응력으로 하는
일인데 내가 못할 리 없지 않은가? 결과는 어떻게 되었을까?

나는 멀쩡히 감을 잘 깎았다. 이렇게 잘 깎을 수 있는 과일을 수십
년간 '아무 생각 없이' 바보같이 깎았던 것이다. 지금도 수많은 아이
들이 어릴 때부터 주변 사람들이 주입한 자기의 단점을 진짜 단점이
라 착각한 채 '아무 생각 없이' 거기에 얽매여 있을 것이다. 이 '아무
생각 없이'가 바로 프로이트가 말한 무의식이며, 무의식은 대개 어릴
때 형성되어 평생 동안 우리를 지배한다.

그러니 아이가 엄마 눈에 게을러 보이더라도 '너는 게을러'라고
말하지 말라. 그 아이는 게으른 게 아니라 생각이 깊은 것일 수도 있
다. 아이가 산만해 보이더라도 '너는 왜 이렇게 산만하니?'라고 말하
지 말라. 아이는 새로운 아이디어가 자꾸 튀어나와서 한 가지 생각을
계속할 수 없는 것일지도 모른다.

설령 아이가 진짜 게으르거나 산만하더라도 아이한테 천기누설

하지 말라. 함부로 발설하지 말고 입단속해야 한다. 잡초를 끊임없이 뽑으려 하지 말고, 아이가 가진 꽃이 무엇인지 보아야 한다.

일요일마다 늦잠을 자는 아이에게 '너는 일요일마다 이렇게 퍼질 러 자고 게을러서 어떡하려고 그러니?'라고 말하고 싶더라도 꾹 참 아라. '너는 일요일마다 늦잠 자는 아이'라고 아이를 세뇌시키지 말 라. 그런 말은 해 봤자 효과가 없을뿐더러, 아이의 자기 이미지를 강 화해 더욱더 늦잠 자는 아이로 만들 뿐이다.

그렇다면 어떻게 해야 할까? 아이가 열 번 중 아홉 번이나 문제 행동을 보이더라도 어쩌다 한 번은 실수로라도 안 할 때가 있다. 그 때를 놓치지 말고 잘 포착해야 한다. 아홉 번 늦잠 자고 어쩌다 딱 한 번 일찍 일어난 날 기뻐하며 이렇게 말해 보자.

"와! 철수야 일찍 일어났구나."

그러면 그 한 번이 두 번이 된다. 그리고 두 번째 일찍 일어났을 때 엄마가 또 그것을 알려주면, 그 두 번이 세 번이 된다. 이렇게 차츰 아이가 '나는 일찍 일어나는 아이야'라는 자기 이미지를 강하게 형 성하면 엄마가 아무리 말려도 아이는 일찍 일어나는 아이가 되어 버 린다. 습관은 새로 들이기도 어렵지만, 들인 습관을 없애기도 어려운 법이다.

대부분의 엄마나 선생님들이 아이의 단점을 고치려고만 들기 때 문에 결국 아이와의 관계가 나빠지고 아이에게 도움을 주지도 못한 다. 엄마들은 물론이고, 특히 교육 현장의 선생님들이 명심해야 한다. 선생님들에게는 이른바 '선생질'이라는 습관이 있다. 가르치려 들고 지적하려 드는 습관이다. 바로 잡초를 보이는 족족 뽑으려는 습관이다.

매사에서 좋은 점을 기가 막히게 찾아내는 사람들이 있는가 하면, 좋지 않은 점이나 틀린 점을 도사처럼 찾아내는 사람들이 있다. 아이를 만나는 선생님은 아이의 장점을 '매의 눈'으로 찾아야 한다. 그냥 봐서는 잘 모른다. 수업 중에 열심히 관찰하다가 아이의 장점을 발견하면 딱 짚어 알려주어야 한다. 잡초를 뽑으려 들지 말고 꽃을 심어야 한다.

"야~, 너는 처음 마음먹은 대로 잘 안 돼도 다시 씩씩하게 도전하는구나!"

"윤진이가 빨강색이 필요하다 하니까 얼른 빌려 주는구나."

"종현이는 허리를 쭉 펴고 바르게 앉아 있네."

아이들은 아름다운 정원이지, 잡초 없는 정원이 아니다.

'잡초를 뽑지 말고 꽃을 심으라'고 하는 것은, 얼핏 보면 비슷해 보이는 미술 치료와 심리미술이 정반대의 입장을 보이는 지점이다. 치료는 필연적으로 손상을 찾는 것에서 시작한다. 환자가 병원에 가면 의사는 검사를 통해 손상된 부분을 찾고 그 부분을 원상으로 돌려놓는다. 이것은 치료의 속성이다. 그렇기 때문에 미술 치료 현장에서는 아이들의 행동을 관찰하거나 그림을 볼 때도 이상 증후부터 찾는다. 미술 치료사 출신인 미술 선생님들은 이 지점에서 잘못하기 쉽다. 미술 치료사로서 트레이닝 받는 동안 계속해서 이상이나 손상을 발견하는 경험을 반복하기 때문에, 치료 장면이 아닌 교육 장면에서조차 자꾸만 이상 지점을 발견하려는 습관을 가지기 쉽다. 그런데 치료가 끝나고 회복하여 건강해지면 사소한 단점을 일일이 들추어내기보다 장점을 잘 키워야 하듯이, 미술 교육의 일환인 심리미술에서는 아이들의 장점을 찾는 습관을 키워야 한다. 심리미술을 시작하기 전에 이 기본 원칙을 잊지 말자.

29장

아이와 충분히 라포 형성하기

사전 준비

아이에게 심리 문제나 행동 문제가 있다고 생각될 때, 부모나 선생님이 아이를 어떻게 대하면 좋을지 고민하기 전에 먼저 확인해 보아야 할 것이 있다. 바로 '나와 아이 사이에 라포(rapport)가 잘 형성되어 있는지'를 알아보는 것이다.

'라포'란, 둘 이상의 인간관계가 상호 신뢰와 친근감, 호감으로 이루어져 정서적 유대감이 있는 상태를 말한다. 쉽게 말하면 서로의 마음이 잘 통하는 상태이다. 각자 자신의 학창 시절을 떠올려 보면 금방 이해가 갈 것이다.

어떤 과목 선생님과 나 사이에 라포가 잘 형성되어 있으면 그 선생님의 수업 시간은 왠지 더 기다려지고, 그 선생님이 하는 말은 더 잘 듣게 된다. 설령 내가 잘못해서 나를 야단치더라도 죄송하고 반성하는 마음이 든다. 반면 내가 싫어하고 나와 라포가 형성되어 있지 않은 선생님이 나를 야단치면 백번 옳은 말씀일지라도 일단 기분이 나쁘고 반항심이 생긴다.

라포는 일종의 정서적 '물자 보급로' 같은 것이다. 굶고 있는 아이가 안타까워 아무리 음식을 주고 싶어도, 만약 그 아이와 내가 닿을 수 있는 통로가 없으면 나는 아무것도 줄 수가 없다. 그래서 미술 시간에도 아이들과 선생님은 일단 라포 형성부터 해야 한다. 아이가 그림을 잘 그리고 못 그리고가 문제가 아니다. 일단 어떤 아이를 처음 만나면 그날부터, 아니 아이와 눈을 마주치는 순간부터 선생님에게 주어지는 첫 번째 과제는 아이와의 라포 형성이다.

심리학자들이 말하는 라포 형성 방법에는 여러 가지가 있지만, 내가 수년간 교육·치료 현장에서 터득한 가장 실용적이고 손쉬운 방법은 이렇다.

첫 번째 방법은 '선생님이 먼저 아이를 좋아해 버리기'이다. 라포는 친근감, 신뢰감, 호감을 통해 정서적 유대감이 생기는 것이므로 상대방이 나에게 호감을 가지지 않을 때는 생기지 않는다. 인간관계는 상대적이므로 선생님이 먼저 아이를 좋아하면 그 다음 과정이 술술 풀린다.

아이들은 누가 자기를 좋아하는지 싫어하는지 본능적으로 안다. 그래서 사실은 아이가 싫은데도 괜히 억지로 웃으면서 예뻐하는 척

해 봐야 소용없다. 진짜로 자신에게 '이 아이가 이뻐 죽~겠다' 싶은 마음이 저절로 우러나야 한다.

그러기 위해 나는 어떤 아이를 처음 만나면 자세히 본다. 눈 깜박일 때 속눈썹도 보고 말할 때 입술 실룩거리는 것, 음식 먹을 때 볼이 오물오물하는 것도 잘 관찰한다. 귓불에 있는 솜털도 자세히 보고, 특히 눈을 잘 본다.

자세히 보면 아이들은 기가 막히게 예쁘다! 어찌나 완벽하게 아름다운지, 심지어 앞니가 몇 개 빠져 있어도 전혀 그 아름다움이 줄어들지 않는다! 만약 어른들이라면 아무리 천하의 미인일지라도 앞니가 몽땅 빠지면 흉해 보일 텐데 말이다.

두 번째 방법은 '버선발로 뛰어나가 맞이하기'이다. 아이가 미술 수업에 왔을 때, 저기서 아이가 걸어오는 모습이 보이거나 어디서 '선생님~' 하는 아이의 목소리가 들릴 때, 나는 만사 제쳐놓고 뛰어나간다. 반갑고 귀한 손님이 나를 보러 왔는데 버선발로 뛰어나가 맞이하는 것은 당연하지 않은가. 더구나 내가 사랑하는 사람이 저기 오는데 어떻게 그냥 앉아서 기다리겠는가. 그렇게 뛰어나가서 쪼그리고 앉아 아이와 인사하면 얼굴에 절로 미소가 지어진다. 아이가 선생님의 사랑을 확인하는 시간이며, 선생님 자신에게는 아이를 향한 자신의 사랑을 확인하는 시간이다. 이런 확인은 교사로서의 자신감을 키워 준다.

세 번째 방법은 '아이 말을 잘 듣기'이다. 아이가 무슨 말을 할 때

다른 일을 하면서 건성건성 듣는 게 아니라, 하던 일을 멈추고 아이를 쳐다보면서 들어야 한다. 이 세 가지는 어찌 보면 당연한 것이지만, 가장 기본적인 것이 가장 어려울 수 있듯이 대부분의 선생님과 엄마들이 바쁘다는 이유로 이렇게 잘 하지 않는다.

이 세 가지만 해도 일단은 기본적인 라포 형성의 환경이 만들어진다. 선생님이 진심으로 아이를 좋아하면 아이도 결국 선생님을 좋아하게 된다. 반갑게 맞이하며 친근감을 표현하고 이야기를 잘 들어주면 서로 정서적 유대감이 생긴다.

수업 중에 힘들게 하는 아이나 도움이 필요해 보이는 아이가 있을 때마다 얼른 자신과 아이의 관계를 점검해 보라. 카톡으로 무슨 말을 보낼까 고민하기 전에 우선 친구 맺기부터 되어 있는지 확인해 보자는 말이다. 친구도 아닌 누군가가 카톡으로 아무리 영양가 있는 말을 보내도 상대에게 도움이 되기는커녕 스팸으로 차단되기 십상이니까.

30장

웜앤펌

마음은 받아 주고 행동은 바로잡아라

심리미술 교수 방법의 황금률을 한 문장으로 요약하면 다음과
같다.

웜앤펌(warm & firm)한 태도로 몰입과 세컨드 윈드(second
wind)를 이끌어낸다.

선생님이 '웜앤펌'한 태도로 미술 수업을 하면서 아이들에게서
몰입과 세컨드 윈드를 이끌어낸다는 뜻이다. 먼저 심리미술이 이루
어지는 원리 중 첫 번째인 '웜앤펌'에 대해 알아보자.

부모나 선생님은 아이들을 대하면서 난감할 때가 있다. 칭찬을
많이 하면 좋다고 해서 그렇게 하자니 아이가 괜히 기고만장해질 것

같고, 그렇다고 야단을 많이 치자니 왠지 기가 죽을 것 같다. 기회를 봐서 무서운 엄마의 본때를 보여주어야 할 것도 같고, 더 잘해 주면 좋아질까 싶기도 하다. 혼란스럽다. 어떻게 해야 할까?

결론부터 말하자면, 좋은 엄마나 좋은 선생님의 태도는 '웜앤펌'이다. 따뜻하면서도 엄격한 태도, 마음은 받아주고 행동은 바로잡아 주는 태도이다. 웜(warm)은 미소 짓는 표정, 공감, 무조건적 존중, 친절함, 기다려 주는 것, 이해하는 것 등을 말하고, 펌(firm)은 합의된 규칙을 지키게 하는 것, 바른 행동에 대한 정보를 주는 것 등을 의미한다. '펌'이라고 해서 소리를 지르며 야단치거나 비난하는 것이 아니다.

모든 아이의 문제는 과잉 아니면 결핍(또는 두 가지 동시)의 문제이다. 사랑이 너무 넘치거나 너무 부족해서 문제가 생긴다. 사랑이 너무 넘치면 과잉 보호를 해서 아이가 버릇없어지거나 자기밖에 모르게 된다. 반면에 늘 야단을 심하게 치거나 화를 자주 내거나 잔소리가 심해서 사랑이 부족하면 아이가 우울해지거나 자신감이 없어 위축된다. 이러한 과잉과 결핍의 문제는 바로 이 '웜앤펌'으로 해결할 수 있다. 결핍인 아이는 '웜'한 태도로 채워 주고, 과잉인 아이는 '펌'한 태도로 바로잡아 주기 때문이다.

'웜'한 선생님이나 엄마가 되려면 무엇보다 아이를 있는 그대로 인정해야 한다. 우리는 아이가 신생아 때 아무리 똥 싸고 오줌 싸고 울기만 해도 무조건 받아준다. 그런데 이상하게 아이가 세 살 내지

다섯 살만 돼도 온갖 못마땅한 점들이 눈에 거슬리고 그것들을 받아주지 못한다. 신생아 때에 비하면 아이에게 슈퍼맨 같은 어마어마한 능력이 생겼는데도 말이다.

그래서 칭찬을 해도 꼭 아이의 '행동(doing)'을 칭찬하게 된다. 아이의 '행동'이 엄마 마음에 들면 칭찬하고 마음에 들지 않으면 야단친다.

젊은 엄마들의 대부분은 칭찬을 많이 한다. 칭찬을 많이 해야 한다는 말을 듣기도 한다. 『칭찬은 고래도 춤추게 한다』라는 책도 있다. 그런데 책 속의 춤추는 고래는 무게가 3톤이 넘는 범고래인데, 미국 플로리다에 있는 시월드라는 해양관에서 산다. 원래 범고래는 바다의 포식자라고 불리는 거대한 생명체이다. 책에서는 고래를 조련할 때 고래가 잘하면 즉각적인 칭찬을 하는 것처럼 사람에게도 그렇게 해야 한다고 말한다. 사람은 상대를 칭찬할 때, 특히 상대의 행동을 칭찬할 때는 의식적이든 무의식적이든 대개 상대를 제어하려는 심리를 내면에 깔고 있다.

조련사는 고래를 왜 칭찬할까? 고래를 사랑해서? 아니다. 칭찬으로 조련해서 고래가 멋진 쇼를 하게 만들면 돈을 벌 수 있기 때문이다. 조련사가 고래를 진심으로 사랑했다면 그렇게 해양관에 가두어 둔 채 조련시키지 않고 광활한 대양으로 돌려보냈을 것이다. 하지만 조련사는 고래를 사랑하지 않았고, 어느 날 범고래 틸리쿰이 조련사를 죽였다. 쇼가 끝난 후 갑자기, 14년간 함께 일해 온 베테랑 조련사의 팔을 물고 물속 깊이 들어갔다.

우리는 어떠한가? 나도 행동에 대한 칭찬에 어떠한 해로운 점이 있는지 깊이 통찰하기 전에는 아이를 키우면서 늘 행동을 칭찬했다. 밥을 많이 먹이고 싶으면 아이가 밥을 많이 먹을 때마다 마구 칭찬했고, 방을 잘 정리하는 아이로 만들고 싶으면 방을 어지를 때는 혼을 내고 방을 잘 치울 때마다 과하게 칭찬을 해주었다.

그래 놓고 나는 아이를 사랑한다고 착각했다. 아이를 진정으로 사랑한다면 들판의 소나무처럼 태평양의 고래처럼 키워야지 내 입맛에 맞는 분재로 만들어서는 안 되지 않겠는가! 멀쩡히 잘 자랄 어린 소나무를 이리 비틀고 저리 비틀고 철사로 칭칭 감아 내 마음에 드는 모양으로 만들면, 철사를 구부리는 내 손가락에도 굳은살이 박이고 피가 날 수 있다.

아이를 있는 그대로 보고 사랑하면 내 손에 피가 날 일이 없다. 예를 들면, 정리 정돈에 능한 아이가 있고 어지르는 데 능한 아이가 있다. 나는 엄마들을 만나면 아이가 어지르는 것도 재주라고 얘기해 준다. 아이가 TV만 보거나 컴퓨터 게임만 하거나 스마트폰만 조작하면 어지를 수 있는 게 고작 리모컨, 키보드, 마우스밖에 없다. 그런데 한꺼번에 책을 여러 권씩 꺼내 읽고, 그림을 그렸다가 색종이를 오렸다가 또 뭔가를 조몰락조몰락 만드는 아이는 온 집 안을 어지른다.

그런가 하면, 내향적인 아이가 있고 외향적인 아이가 있다. 엄마들은 아이가 내향적이면 외향적으로 만들고 싶어 하는 경향이 있다.

학교에서 외향적인 아이가 아무래도 발표를 잘하고 눈에 띄니까 그런 아이가 부러운 것이다. 그러나 내향적이라서 더 좋은 것도 아니고 외향적이라서 더 좋은 것도 아니다. 그냥 성향일 뿐이다. 훌륭한 학자나 예술가 중에는 내향적인 사람이 많다. 요즈음 성공한 CEO 중에 의외로 내향적인 사람이 많다는 조사 결과도 있다. 내향적인 사람은 관심을 내면에 두기 때문에 외향적인 사람이 들어갈 수 없는 깊이까지 탐색할 수 있다. 그런데 종종 이렇게 말하는 엄마들이 보인다.

"우리 애가 너무 내성적인데, 외향적으로 만들려면 어떻게 해야 할까요?"

아이는 엄마가 '만드는' 것이 아니다. 아이는 그냥 자란다. 엄마의 역할은 아이가 성인이 되기 전까지 먹여 주고 재워 주고 돌봐 주며 사랑하는 것이다. 그런데 엄마가 행동에 대한 칭찬을 통해 아이를 조종해 나가면 아이가 불안해진다. 받아쓰기 100점을 맞았다고 "우리 딸, 최고"라고 하며 잘했을 때만 칭찬하면 거기에는 "다음에도 이렇게 잘해. 안 그러면 우리 딸도 아니고 최고도 아냐!"라는 뉘앙스가 담겨 있다. 아이가 뭔가를 잘해서 "역시 내 아들!"이라고 할 경우에도, 잘하면 내 아들이고 잘하지 못하면 내 아들이 아니다라는 뜻이 들어 있다.

부모의 이런 조건적 칭찬은 비참한 결과를 가져온다. 아이 또한 조건적 사랑을 하는 사람으로 자라게 된다. 그래서 어른이 되었을 때, 부모가 물려줄 유산이 넉넉하고 손주라도 키워 주면 내 부모요,

가난하고 늙고 병들어 손주 양육은커녕 병수발이 필요한 지경이면 내 부모가 아니게 된다. 끔찍하지 않은가?

그렇다면, 조건적 사랑이 아니라 무조건적 사랑을 표현하기 위해서는 행동(doing) 대신 무엇을 칭찬해야 할까? 존재(being)를 칭찬해야 한다. 아이가 뭘 잘해서 칭찬하는 게 아니라 아이의 존재 자체를 기뻐하고 칭찬해야 한다.

나는 존재를 칭찬하는 방법을 미러링(mirroring)이라고 부른다. 미러링에는 여러 가지 뜻이 있지만, 내가 말하는 미러링은 아이의 감정이나 행동을 거울을 비추듯 반영하는 것이다. 거울은 나의 모습을 비추어 줄 뿐, 나를 평가하지 않는다. 마찬가지로 미러링은 아이의 감정이나 행동을 비추어 줄 뿐, 평가하지 않는 태도다.

먼저, 감정을 비추어 주는 미러링을 살펴보자. 이것은 공감과 비슷하다. 아이가 어떤 감정을 드러낼 때 그 감정을 무시하거나 부인하지 않고 그냥 인정해 주는 것이다. 예를 들어, 벌써 저녁인데 숙제를 하지 않고 징징 대는 아이가 있다고 치자. 이 아이의 마음은 어떠한가? 숙제를 안 하자니 내일 선생님한테 혼날까 봐 두렵고, 그렇다고 숙제를 하자니 하기가 너무 싫다. 해야 하는 건 아는데 하기가 싫으니 징징거리고 있는 것이다. 이럴 때 대부분의 부모는 머리로 접근해서 이런 식으로 야단치기 쉽다.

"하기 싫으면 하지 마! 안 하고 내일 혼나면 될 거 아냐!"

"숙제는 꼭 해야 하는 거야. 그렇게 징징거려 봤자 소용없어. 어서 노트 꺼내!"

"하루 종일 놀다가 밤에 하려니까 하기 싫은 거잖아. 그러니까 엄마가 숙제는 학교 갔다 오자마자 바로 하는 게 좋다고 했다 안 했어?"

사태의 원인에 대해 야단치거나, 해결책을 알려주며 따라 하라고 한다. 그런데 아이도 사실 무엇이 문제인지, 무엇이 해결책인지 다 알고 있기 때문에 이렇게 야단쳐 봤자 사태가 해결되지 않는다. 이럴 때는 감정을 미러링하는 것이 낫다.

"유진아, 너 숙제가 하기 싫은 모양이구나. 아까 놀이터에서 많이 놀아서 피곤하기도 하고."

이러면 그동안 볼이 퉁퉁 부어 있던 아이가 엄마를 쳐다본다.

"하기는 싫고, 그렇다고 숙제 안 해 가면 선생님한테 혼날 텐데, 걱정돼서 그러지?"

이쯤에서 아이는 눈물을 글썽거릴 수도 있다. 아이를 안고 토닥토닥하며 이렇게 말해 보라.

"그래, 그래. 숙제가 하기 싫을 때도 있어. 엄마도 초등학교 때 숙제하기 싫은 적 많았어."

이렇게 하면 된다. 더 쉬운 미러링도 많다. 예를 들어 아이가 신나는 표정이면 "아이고, 우리 찬용이 신났구나!"라고 하고, 기운이 없어 보이면 "지은이가 기운이 없어 보이네."라고 하고, "엄마, 나 짜증 나!"라고 하면 "그래? 짜증이 나?"라고 하면 된다.

아이의 감정이 옳다 그르다 판단하지 않고 그냥 받아 주면 된다. 아이의 감정을 받아 주어야 다음에 아이의 행동을 바로 잡아 줄 기회가 생긴다. 내 마음을 알아주는 사람은 좋아하게 되고, 내가 좋아하는 사람의 말은 들리기 때문이다.

감정을 미러링하는 것은 감정을 온전히 인정해 주는 것이다. 아이가 지금 이런 감정을 느끼는 존재라는 것을 인정하고 칭찬하는 좋은 방법이다. 미러링과 비슷한 '공감'은 내담자를 무조건적, 긍정적 존중으로 치료하는 인간 중심 상담의 중요한 기법이다.

행동을 미러링할 수도 있다. 아이가 일찍 일어나면, 그냥 환한 얼굴로 "어머나, 우리 윤철이가 일찍 일어났네!"라고 하면 된다. 마찬가지로 "진수가 오늘은 오이를 잘 먹네!", "연이가 동생 숙제를 도와주는구나!", "영진아, 오늘은 너 혼자 일어났구나!"라고 하면 된다.

아이가 100점을 받아 와도 "와! 민균이가 100점을 받았네!"라고 하며 기뻐하기만 하면 된다. 만약 "민균이가 100점을 받았네. 우리 민균이는 역시 천재야. 역시 엄마 아들이야."라고 하게 되면 이것은 존재(being)에 대한 칭찬인 미러링이 아니라 행동(doing)에 대한 칭찬이고 평가가 된다. 그러면 민균이는 "다음에 또 100점 못 받으면 어떡하지?"를 고민하게 된다. 칭찬으로 인해 불안해진다.

이런 경험 있지 않은가? 모임에 나갔다가 누군가로부터 "어머, ○○ 씨는 옷을 참 잘 입는 것 같아요(평가). 항상 멋쟁이예요(평가)"라는 말을 들었다고 하자. 처음 들었을 때는 그냥 기분이 좋고 으쓱해진다. 그런데 다음에 모임에 나갈 때는 왠지 그 사람이 신경 쓰인다. 전에는 별 생각 없이 입었는데 이제는 거울을 한 번 더 보게 되고 그 사람의 눈에 내가 어떻게 보일까를 생각하게 된다. 내가 입고 싶은 대로 입는 것이 아니라 남의 눈에 좋아 보이게 입게 되어 사실상 자유의지를 잃게 된다.

아이도 마찬가지다. 행동에 대한 칭찬을 받게 되면 외부의 동기부여에 점점 더 의지하게 되어 용돈이든 스티커든, 외부의 보상이 없으면 뭐든 하기 힘들어진다. 어른이 되어 가면서 남의 시선을 점점 더 의식하게 되고, 결국 진짜 자신의 모습으로 살기보다 부모나 주변 사람들이 원하는 모습으로 살아가게 된다.

더 큰 문제는 행동에 대한 칭찬을 지속적으로 받는 아이는 다음 번에 새로운 도전을 하지 않는다는 것이다. 늘 성공하고 칭찬 받은 방식을 고집하게 된다. 자기가 잘하지 못할 것 같은 대상(칭찬 받지 못할 대상)에는 아예 시도조차 하지 않는 경우가 많다. 자신이 하고 있는 일에 몰입해 진짜 재미를 느껴야 하는데, 결과가 칭찬 받을 만한 것인가에 더 신경이 쓰인다. 주변에서도 흔히 볼 수 있지 않은가? 늘 칭찬 받고 공부 잘하던 아이들이 커 가면서 점점 평범해지고 재능을 잃어가는 것을.

미러링할 때 한 가지 주의해야 할 점이 있다. '감정'이나 '마음'은 옳고 그른 것이 없으므로 받아주어야 하지만, 잘못된 '행동'은 바로 잡아 주어야 한다. 지금부터는 '웜앤펌' 중에서 '펌(firm)'에 대한 이야기이다. 잘못된 행동이란 무엇인가? 엄마들은 아이의 행동이 마음에 들지 않을 때는 깊이 생각해 봐야 한다. 정말 아이의 행동이 '잘못된' 행동인가, 아니면 '내 마음에 들지 않는' 행동인가?

엄마나 선생님은 자기 마음에 들지 않는 행동을 잘못된 행동이라고 착각할 때가 많다. 아이들에게 잘못된 행동이란 사실 한 가지밖에 없다.

"누군가에게 해를 끼치는 행동"

해를 끼치는 대상은 자신을 포함한 누군가의 마음, 몸, 소유물 등이다. 때리거나, 욕하거나, 남의 물건을 훔치거나 빼앗거나, 성추행하거나, 거짓말해서 피해를 입히거나, 왕따시키거나, 쓰레기를 아무데나 버리거나, 위험한 장난을 하거나, 공공장소에서 소란을 피우거나 하는 것들은 명백히 잘못된 행동이다.

공부하기 싫어서 하지 않는 것은 어떤가? 누구에게도 끼치는 해가 없다. 자기 방을 청소하지 않는 것은 어떤가? 좀 지저분한 방에서 산다고 해서 역시 누구에게 해를 끼칠 일은 없어 보인다.

야단치는 것을 아껴야 정말 중요한 순간에 야단을 칠 수 있다. 물론 아이가 스스로 일찍 일어나서 공부를 열심히 하고 자기 방 정리도 잘한다면 더할 나위 없이 좋겠지만, 그렇게 하지 않는다고 해서 야단 맞을 일은 아니다.

정보를 제공하는 것과 야단을 치는 것은 다르다. 고등학생이 공부하지 않으면 대학을 가기 힘들므로 아이의 장래 희망인 대학 교수가 될 수 없음을 알려주는 '정보 제공'은 해야 한다. 그런데 야단칠 일은 아니다. 야단은 아이를 '말로 때리는 것'이다. 회초리로 때리는 것만큼 마음에 상처가 남고, 멍이 지워지기까지 시간이 꽤 걸린다.

위에서 언급한 진짜 잘못된 행동은 즉시 바로잡아야 한다. 남에게 해를 끼치는 행동은 너그럽게 넘어가서는 안 된다. 이때 명심할 점은 죄는 미워하되 사람은 미워하지 말라는 것이다. 아이가 저지른 행동과 아이를 분리해야 한다. 잘못된 행동에는 단호하게 대처해야 하지만, 아이를 잘못된 아이로 낙인찍어서는 안 된다.

아이가 물건을 훔친 것과 아이에게 '도둑놈'이라는 명칭을 붙이는 것은 다르다. "네가 한 행동은 남의 물건을 훔치는 '절도'라는 아주 나쁜 행동이니 다시는 해서는 안 된다"라고 정보를 주는 것과, "너는 물건을 훔쳤으니 도둑놈이고 아주 나쁜 놈이다"라고 하는 것은 전혀 다르다. 아이의 정체성을 도둑놈으로 규정해 버리면 아이는 정말 그렇게 될 수 있다.

그래서 행동을 미러링할 때는 다음을 잘 기억하자. 엄마나 선생님이 볼 때 바꾸어 주고 싶은 행동에는 크게 두 가지가 있다.

1. 잘못된 행동, 즉 누군가에게 해를 끼치는 행동.
2. 명확히 잘못된 행동은 아니지만, 아이의 미래나 건강에 도움이 되지 않는 행동.

1번에 해당하는 행동을 일부러 하면 즉시 바로잡아 주어야 한다. 바로잡아 줄 때는 화내며 야단치지 말고 정보를 제공해야 한다. '웜 앤펌'에서 '펌(firm)'이란 야단치거나 무섭게 하는 것이 아니라 단호한 것이다.

"지훈아, 여기는 사람이 많은 공공장소니까 그렇게 소리를 크게 지르면 안 돼."

"예은아, 지하철 의자에 신발 신고 올라가면 안 돼. 다른 사람들도 앉는 자리인데, 더러워지거든."

"현태야, 친구를 때리면 안 돼. 친구가 아프잖아."

한 번 말한다고 되겠는가? 한 번 말해서 아이가 바로 들으면 그게 더 이상하다. 열 번, 백 번 말해야 겨우 알아듣는다. 반복해서라도 안 되는 것은 안 된다고 계속 가르쳐 주어야 한다. 그래도 아이가 공공 장소에서 온 천지를 뛰어다닌다면 아이를 데리고 그 자리를 벗어나야 한다. 운동장에 두었으면 아무 문제없었을 아이를 엄마 욕심에 도서관에 데려와서 문제아를 만드는 건 아닌지 살펴봐야 한다.

그런데 잘못된 행동을 하지 못하게 하는 것만으로는 부족하다. 잡초를 아무리 뽑아내도 잡초는 또 자란다. 잡초를 다 뽑아낸들 꽃이 없으면 아름다운 정원이 아니기 때문이다. 그러므로 잘못된 행동을 바로잡아 주면서, 어쩌다 한 번 '실수로'라도 바른 행동을 할 때를 잘 포착해 미러링을 해야 한다. 아무리 온 사방을 휘젓고 다니는 아이라도 잠시 쉬거나 얼떨결에 자리에 앉을 때가 있기 마련이다. 그때 얼른 활짝 웃으며 미러링하면 된다. 이때도 잘했다, 못했다 평가하는 것이 아니라 그냥 미러링만 하는 것이 핵심이다.

"와, 철수야, 너 참 조용히 앉아 있구나!"

이렇게 미러링을 하면 어쩌다 한 한 번의 바람직한 행동이 두 번, 세 번으로 늘어난다. 위에서 2번에 해당하는 행동, 즉 명확히 잘못된 행동은 아니지만 바로잡아 주었으면 하는 행동은 나타날 때마다 하지 말라고 할 필요가 없다. 반대의 행동, 즉 바람직한 행동이 나타날 때 미러링만 하면 된다. 예를 들어, 의자에 앉을 때 다리를 꼬고 앉는 것은 명확히 나쁜 행동이라고 할 수 없지만, 장기적으로 골반이 틀어지고 건강에 좋지 않다. 야단맞을 짓은 아니지만 엄마가 바로잡아 주면 좋을 행동이다. 저녁에 늦게 자는 습관도 나쁜 행동은 아니지만 아이의 건강한 성장을 고려하면 엄마가 그냥 방치할 행동은 아니다.

이럴 때는 아이를 야단치지 말고 왜 그것이 나쁜지 정보만 알려 주고 반대 행동, 즉 바람직한 행동이 나올 때 즉시 미러링하면 된다. 어쩌다 다리를 꼬지 않고 앉았을 때 기뻐하며 미러링하는 것이다.

"지은아, 너 참 바르게 앉아 있구나. 그렇게 앉으면 다리가 예쁘게 자란대!"

아무리 잔소리해도 행동이 바뀌지 않는 남편이나 아이들이 있다면, 괜히 멀쩡한 사람을 내 입맛에 맞지 않는다고 미워하고 고치려 드는 건 아닌지 먼저 확인해 봐야 한다. 그래도 사랑하는 사람에게 꼭 필요한 변화라면 미러링을 하자.

아무리 잔소리해도 남편이 양말을 아무데나 벗어 던진다면, 그렇게 양말을 힘차게 벗어 던질 수 있는 남편이 있는 것에 감사하며 그냥 조용히 집어서 세탁기에 넣든지(사실 해 보면 별로 힘든 일도 아니다), 어쩌다 양말을 세탁기 근처에라도 벗어 던지는 날 기쁜 얼굴로 미러링하면서 고맙다고 해보자.

"어머, 당신, 세탁기에다가 양말 갖다 놨네! 고마워~."

미술 수업은 잘못하면 방종으로 빠지기 쉽다. 현대 미술은 포스트모던 이후 정답이 없어진 지 오래이다. 이 '정답 없음'은 미술을 통한 창의력 교육에 중요한 요소지만, 이것을 잘못 해석해서 '진리도 없음'이 되어서는 안 된다. 큰 진리의 바다 안에서 사소한 것의 옳고 그름을 가르는 정답이 없다는 뜻이지, 진리가 없다는 뜻은 아니다. 비유하자면, 진리의 바다 안에서 자유형을 하든 배영을 하든 평영을 하든 그냥 헤엄을 치면 되지, 수영 방식에 정답이 없다는 말이다.

진리는 존재한다. 엄마의 얼굴을 빨강색으로 칠하든 살구색으로 칠하든 미술에 정답은 없지만, 미술 시간에 친구를 때려서는 안 되는 것은 진리이다. 자세히 그리는 것이 꼭 좋은 것도 아니고, 간결하게 그리는 것이 꼭 맞는 것도 아니지만, 친구의 작품을 함부로 훼손해서는 안 되는 것은 진리이다.

미술 시간에 꽃피우는 창의와 자유를 잘못 해석하면 '내 마음대로' 하는 방종으로 흐른다. 많은 미술 선생님은 이 사이에서 갈등하고 헤맨다. 미술 시간은 왠지 엄청나게 자유로워야 할 것 같아서 아이들을 가만 놔두면 어느 순간 이건 아니다 싶은 때가 온다. 그러면 또 아이들을 야단치게 되고, 악순환이 계속된다.

'웜앤펌'은 아이들을 자유롭게 하되 큰 규칙을 지키는 아이가 되게 한다. '웜앤펌'은 과잉과 결핍을 치유하여 정서적으로 안정된 아이로 자라게 한다. 미술 시간에 아이들이 선생님 눈치 보지 않고 자유롭게 표현할 수 있게 해준다. 지금 이 시간부터 아이들을 대할 때 '웜앤펌'을 해보자. 마음은 받아주고 행동은 바로잡아 주자. 문제 해결책을 제시하기 전에 미러링을 먼저 하자. 그래야 내 진심이 아이들의 마음속에 들어갈 것이기에. 그래야 아이들이 분재가 아닌 들판의 소나무처럼 자랄 것이기에.

31장

몰입
푹 빠져서 진짜 재미를 느끼게 하라

'집중과 몰입은 무엇이 다른가?'

집중은 중심의 어느 한 점에 자기의 에너지를 모으는 것이다. 그래서 '멈춤'의 뉘앙스가 있다. 반면에 몰입은 '흐름'에 가깝다. 에너지가 멈추지 않고 계속 흐르는 상태여서 '빠져들다'라는 표현이 어울린다.

긍정심리학의 선구자이자 경영학에서도 널리 인용되는 심리학자 미하이 칙센트미하이는 '몰입'을 'flow(흐름)'라는 단어로 표현했다. 남들이 보기에는 아무리 하찮아 보이는 순간이라도 몰입하고 있으면 궁극의 즐거움을 만끽한다.

두세 살쯤 되는 아이를 키울 때 엄마들이 한 번쯤은 다 경험하는 일이 있다. 어느 순간 갑자기 아이가 조용해진다. '어. 갑자기 애가 조용하네!' 싶어서 찾아가 보면 아이는 어김없이 사고를 치고 있다! 엄마 화장대에서 립스틱을 집어내 온 방을 벌겋게 칠하고 있거나, 아빠의 서류 뭉치를 쪽쪽 찢고 있다. 아직 치우지 않은 밥상에 남은 밥으로 온 방바닥을 끈적이로 만들거나 욕실에 들어가 물을 뒤집어쓰고 있다.

어느 퍼포먼스 아동 미술 브랜드에서는 '서너 살짜리 아이들은 5분도 몰입하지 못한다'라는 원칙을 가지고 프로그램을 개발한다고 한다. 그래서 아이들이 잠시도 몰입할 틈을 주지 않고 바로바로 즉각적이고 새로운 재료와 경험을 아이들에게 제시한다.

나는 그런 의견에 동의할 수 없다. 어린아이들이 바닷가에서 노는 것을 본 적이 있는가? 아이들은 그 흔한 빈 요구르트병 하나만 발견해도 그걸로 모래를 파고 물을 부었다 따랐다 하며 시간 가는 줄 모르고 몰입한다. 어른들이 보기에는 계속 같은 동작과 경험을 반복하는데도, 시시해 보이는 바닷물과 모래 그리고 빈 요구르트병 하나밖에 없는데도 뭐가 그리 재미있는지, 그만하고 집에 가자고 하면 울기도 한다.

나는 믿는다. 아이들은 몰입할 수 있는 능력이 있다! 그런데 어른들이 아이들을 지레 속단하고 5분짜리 경험만 계속 제공하면 아이들은 진짜 5분짜리 몰입 능력밖에 가지지 못한다.

인기 있는 TV 예능 프로그램들도 그렇다. 오로지 채널 돌리는 것을 막기 위해 총력을 기울이는 듯한 그런 프로그램들은 사람들을 TV

앞에 고정시켜 두기는 하지만, 보면서 깔깔 웃게 만들기는 하지만, 다 보고 난 후 공허함이 밀려오게 한다. 반면, 몰입 경험을 통해 느끼는 즐거움은 그런 말초적 자극에서 오는 즐거움과는 비교할 수 없을 만큼 깊고 크다.

예전에 메가스터디 손주은 대표의 인터뷰를 본 적이 있다. 손 대표의 말에 의하면, 메가스터디 이전의 인터넷 강의는 주로 에듀테이너(에듀케이션+엔터테이너)라고 불리는 재미있는 강사들로 채워졌다고 한다. 소위 공부를 즐겁게 해야 한다는 명분 아래 웃기고 재치있는 강사들의 강의가 인터넷 공간을 점령했다. 아이들은 거의 개그맨 수준인 강사의 강의를 들으며 깔깔 웃어댔다. 그런데 공부의 진짜 재미는 다른 데 있었다. 손 대표는 그것을 지적했다. 공부의 진짜 재미는 외적인 자극으로부터 오는 것이 아니라 내적 성장에서 온다는 것이다.

나는 그의 말에 동의한다. 현재의 메가스터디가 어떤지 나는 잘 알지 못하지만 아무튼 그때의 그 인터뷰는 내게 깊은 인상을 남겼다. 나 역시 공부의 재미는 코피를 뚝뚝 흘릴 만큼 해 본 후에야 알았으니까. 숙제나 대강대강 하고 시험 기간에 설렁설렁 벼락치기로 공부해서는 절대로 공부의 참 재미를 느끼지 못한다. 공부의 참 재미는, 하기 싫어 죽을 것 같은 시간을 참고 참아 어느 날 갑자기 어려운 수학 문제가 술술 풀리는 경험을 할 때, 몇 번이나 포기하려고 했고 도대체 들리지 않던 영어 문장이 어느 날 선명하게 들리기 시작할 때,

바로 그때 찾아온다.

미술도 마찬가지다. 5분 동안 밀가루를 던지고 다음 5분 동안 친구 몸에 물감을 뿌리는 활동으로는 미술의 참 재미를 느낄 수 없다. 아무리 어린아이라도 작업을 할 때 숨소리도 내지 않을 만큼 몰입의 순간을 겪지 않고는 미술의 참맛을 느낄 수 없다.

미술 작업을 할 때 몰입을 하면 거기서 창조적 에너지가 나온다. 몰입을 통해 자기 능력이 최고조에 이르는 순간을 맛보게 되는데, 이는 예술 경험으로 확장된다. 그저 미술 재료를 가지고 시간을 보낸다고 다 예술이 아니다. 예술에는 몰입의 순간이 있어야 한다. 아이들의 작품 중에는 단순히 미술 재료를 가지고 시간을 보내는 활동(activity)을 한 것이 있는가 하면, 그야말로 예술(art)을 한 것도 있다. 이 차이를 가르는 기준 중의 하나가 몰입이다.

미술 치료에서도 몰입이 일어나지 않으면 치료 효과를 기대하기 어렵다. 몰입은 내면의 변화와 성장을 가져오는 마법 같은 시간이다. 그렇다면 아이들을 어떻게 몰입으로 이끌 것인가?

몰입으로 이끄는 방법: 난이도 조절하기

몰입이 일어나려면 전제 조건이 있다. 몰입은 과제의 난이도가 너무 낮아 지루할 경우 일어나지 않는다. 또한 반대로 과제의 난이도가 너무 높아서 불안할 때도 일어나지 않는다.

놀이 공원에 가면 서너 살짜리 꼬마를 위한 작은 롤러코스터가 있다. 롤러코스터라고 이름 붙이기에도 민망한 낮은 굴곡의 그 탑승 놀이 기구는 엄마들이 아이를 위해 같이 '타 주는' 것이지, 어른들이 타면 재미있을 리 만무하다.

그런데 나같이 겁 많은 사람들은 엄청나게 무서운 최신형 놀이 기구들을 즐길 수가 없다. 나에게는 난이도가 너무 높기 때문이다. 나는 바이킹 정도가 딱 적당하다. 적당히 스릴 있고 재미가 있다. 공부도, 미술도, 스포츠를 비롯한 여타 활동도 마찬가지다. 너무 쉬우면 몰입이 일어나지 않는다. 재미없고 지루하다. 또한 너무 벅차도 몰입이 일어나지 않는다.

여러분이 아래의 과제를 한다고 상상해 보라.

신문지를 구기시오.

재미있을까? 신문지를 그냥 구기라니. 3초도 걸리지 않는다. 끝. 시시하다. 이게 뭐? 그런데 과제를 이렇게 살짝 바꾸면 얘기가 달라진다.

신문지를 구긴 후 여러 색깔의 테이프로 붙여서 야구공만 한 신문지 공을 만드시오. 가급적 단단하게 만드시오.

신문지 구기기

조금 난이도가 높아졌다. 이 정도 과제만으로도 신문지 공을 만드는 재미가 있다. 그런데 난이도를 더 높여서 이런 과제가 주어진다면?

신문지를 구겨서 단단한 신문지 공을 만든 후, 공을 던져 신문지 공의 날아가는 속도를 구하시오.

어떤 사람은 이 정도의 과제 역시 시시할지 모른다. 또 어떤 사람은 이 정도의 과제가 적당히 재미있을지도 모른다. 그런데 만약 공의 속도를 구하는 방법에 대해서 전혀 아이디어가 없는 사람은 이런 과제가 황당하기만 할 뿐, 재미가 없다.

따라서 아이들에게 몰입이 일어나도록 도와주려면 교사가 끊임없이 아이를 잘 관찰하며 과제의 난이도가 너무 낮지 않은지 혹은 너무 높지 않은지 확인해야 한다. 만약 난이도가 너무 낮아서 몰입이 일어나지 않으면 조금 높은 난이도의 과제에 도전하게 도와주고, 그 반대의 경우에는 난이도를 조금 낮추어 주어야 한다. 따라서 아이들이 미술을 할 때 몰입으로 이끌어 주려면 다음과 같은 방법을 쓰면 된다.

1. 난이도가 너무 낮을 때
재료를 바꾸어 주거나 주제를 더 어려운 것으로 바꾸는 것이 어떻겠냐고 제안해 본다. 크레파스로 그리던 아이에게는 재료를 물감으로 바꾸어 주는 것만으로도 난이도가 높아진다.

나는 종종 한 그룹에서 제일 잘 그리던 아이가 어느 날 미술 활동을 시시해 하는 것을 보면, 아껴 두었던 내 개인 물감과 팔레트, 붓을 꺼내서 건네곤 했다. 전문가용 최고급 물감이 짜여 있는 팔레트에 아이들은 입을 쩍 벌린다. 만날 크레파스만 쓰던 아이가 이런 물감을 접하면 갑자기 숨을 죽이고 작업을 한다.

단순한 주제를 너무 쉬워 하면 좀 더 어려운 주제를 권하면 된다. 종이컵 그리기가 너무 쉬운 아이는 주전자나 물병을 그리게 하면 된다. 그림 그리는 방식을 바꾸어 주는 해결책도 있다. 책상 앞에 앉아서 그리던 그림도 이젤에 놓고 그리면 살짝 난이도가 높아진다. 이젤 앞에 앉아서 그리게 하면 왠지 화가가 된 듯한 기분과 함께 아이들이 그림에 확 빠져드는(몰입하는) 경우를 많이 봤다.

2. 난이도가 너무 높을 때

난이도가 낮을 때처럼 주제나 재료, 방식을 바꾸어 본다. 더 쉬운 주제를 주거나 좀 더 다루기 용이한 재료를 사용하게 한다.

난이도를 낮추어 주는 대표적인 방법은 선생님의 도움이다. 선생님이 도움의 정도를 조절하면 난이도 조절이 무한대로 가능하다. 그런데 대부분의 미술 선생님은 아이들을 도와주는 것을 두려워한다. 아이의 그림을 도와주면 아이가 가지고 있는 예쁜 상상력이나 창의력, 이른바 '아이다움'을 해칠까 두려운 것이다.

물론 아이의 작품을 선생님이 마음대로 그려 버리거나 일방적으로 도와주는 것은 바람직하지 않다. 그런가 하면 과제의 난이도가 너무 높아 아이가 전혀 몰입하지 못하는데도 끝까지 자기 힘으로 완성하라고 몰아붙이는 것 또한 바람직하지 않다.

엄마가 집에서 아이의 숙제를 도와줄 때도 이런 딜레마가 발생한다. 분명히 학교에서 아이 혼자 할 수 없는 수준으로 내 주는 숙제들이 있다. 그렇다고 엄마가 숙제를 자꾸 도와주면 아이 스스로 하는 힘이 길러지지 않을 것 같다. 아이의 자율성을 해칠 것만 같다. 이럴 때는 어떻게 해야 할까? 아이의 자율성과 아이다움을 해치지 않으면서 아이를 도와줄 수 있는 방법이 있다. 2부에서 소개했듯이, 미술 치료의 세계적 권위자인 이디스 크레이머의 책을 보면 '세 번째 손'이라는 개념이 나온다. 아이의 손은 두 개지만 선생님이 아이의 '세 번째 손'이 되어 주는 것을 말한다.

손으로 나무를 깎아서 조각 작품을 만들 수는 없다. 손 대신 칼을 사용해서 나무를 깎는다 하더라도 나무 조각을 만든 이는 '나'이지 나무를 깎은 '칼'이 아니다. 작업의 주체와 작업의 도구를 분명히 하면 아이를 도와줄 때 생기는 문제가 해결된다.

아이가 어떤 표현을 하고자 하는데 자신의 능력만으로는 힘들 때, 부모나 선생님이 아이의 '세 번째 손'이 되어 주면 된다. 철저하게 도구로서만 도와주면 된다는 뜻이다. 만약 아이가 로케트를 만들

세 번째 손

고 싶은데 로케트 날개로 쓸 우드락을 자르기 어려워한다고 하자. 아이가 아직 어려서 칼을 사용하기에 무리가 있다면 선생님이 도와주어도 아무 문제가 없다. 다만 이 작품의 작가는 아이가 되어야 하므로 어떻게 디자인을 하고 어떤 크기로 자를 것인지는 아이가 결정해야 한다. 요컨대, 미술 수업 중에 난이도가 너무 높아 아이가 몰입하지 못할 때는 교사가 아이의 '세 번째 손'이 되어 도와주면 된다.

미술 수업은 보통 일대일보다 네다섯 명을 한 그룹으로 묶어 진행할 때가 많은데, 같은 과제를 하더라도 아이들의 수준은 천차만별이다. 선생님이 아이들을 잘 살펴서 각자의 수준에 맞춰 '세 번째 손'으로서 도움을 조절하면 모두를 몰입 경험으로 이끌 수 있다.

집에서 부모가 아이의 숙제를 도와줄 때도 마찬가지로 응용하면 된다. 아이가 스스로 생각하고 결정하고 진행하는데 단지 도구의 힘이 부족하다면 부모가 도구가 되어 주면 된다. 아이의 '두뇌'가 되지 말고 아이의 '손'이 되어 도와주면 된다.

단, 아이가 도움을 요청할 때만 도와주자. 어쩌면 부모가 사랑이라는 이름으로 아이의 귀중한 '실패 경험'을 박탈하는 만행을 저지를지도 모르니.

32장

세컨드 윈드

한계를 넘어 새로운 에너지가 샘솟게 하라

아령을 쥔 팔이 부들부들 떨린다. 열한 개째다. 더 이상은 못한다. 그런데 이때 어디선가 튀어나온 트레이너가 내 팔꿈치를 손가락 두 개로 받쳐 주며 우렁차게 기합을 넣는다.

"한 번 더!"

깜짝 놀라 젖 먹던 힘까지 끌어 올려 마지막 한 개를 더 한다. 웨이트 트레이닝을 해 본 사람은 알 것이다. 근육은 이 마지막으로 더 하는 '한 개'에서 생긴다는 것을. 마치 물이 99도에서도 끓지 않다가 100도가 되는 순간 수증기로 변하는 것과 같다.

마라톤을 할 때도 마찬가지 현상이 일어난다. 출발할 때 가지고 있던 에너지가 어느 순간 다 소진된다. 더 이상 뛸 수 없는 지점이 온다. 이 지점을 사점(死點, dead point)이라고 부른다. 그런데 이상하게도 그 사점에서 멈추지 않고 활동을 계속하면, 어느 순간 갑자기 처음에 가졌던 에너지보다 큰 에너지가 솟는 게 느껴진다. 이것을 '세컨드 윈드(second wind)'라고 부른다. 운동 선수들이 몸이 풀렸다고 말하는 현상, 수영을 하다 지쳐서 헉헉거릴 즈음 갑자기 몸이 가벼워져 붕 뜨면서 다시 한 시간을 더 할 수 있는 체력이 솟는 현상, 이 모두가 세컨드 윈드이다.

다음은 2012년 4월 15일자 《오마이뉴스》에 실린 기사의 일부분이다. 제목은 "한밤중, 비오는 산속에서 기적을 체험했다"이다. 이 기사의 필자 김대홍은 자전거를 타고 서울에서 출발하여 경상남도 마산까지 가던 길이었다. 오후 네 시에 김천에서 출발하여 수도산을 넘어야 했는데 설상가상 비까지 왔다고 한다.

고개를 하나 넘으니 아무리 물을 마시고 간식을 먹어도 체력 회복이 되지 않는다. 땀과 비가 뒤범벅된 몸은 물먹은 솜뭉치 같다. 평지 속도가 겨우 12킬로미터. 몸이 가벼울 때 속도의 절반에 불과하다. 아무리 애를 써도 몸은 말을 듣지 않는다. (중략)

이런 내 바람과는 달리 비는 점점 더 거세진다. 산에서 바람을 타고 내리는 비다. 이제 해도 떨어진다. 김천에서도 꽤 멀어졌다. 비옷 속으로 비가 들이친다. 이제 포기해야겠다라는 생각이 머릿속에서 맴돌다 이젠 껌처럼 붙어서 떨어지지 않는다. (중략)

몇 개의 마을을 지났는지 모르겠다. 여전히 몸은 무거웠고 한참 달렸나 싶었는데 달린 거리는 겨우 4킬로미터. 아직도 거창읍까지 25킬로미터가 남았다. 비록 완만하지만 내리막에서 이렇게 속도가 나질 않으니 힘이 빠진다. 자전거를 타고 거창에 들어가는 걸 포기해야 하는 걸까.

그런데 기적과 같은 일이 벌어졌다. 몸이 힘이 넘치는 상태로 회복된 것이다. 박카스에 우루사 10개를 털어 넣고, 산삼 한 뿌리를 잘근잘근 씹어 먹으면 이런 힘이 솟아날까. 피로함이 싹 가셨고 페달질은 갑자기 가벼워졌다. 평지에서 속도가 33~35킬로미터로 찍혔다. 그런데도 전혀 숨이 가쁘지 않았고 다리에 무리가 가지도 않았다. 속도는 30킬로미터 밑으로 떨어지지 않는다.

이유가 무엇일까. 마라톤에서 말하는 사점을 넘겼기 때문일까? 비가 기운을 불어넣은 것일까? 1킬로미터 달리기가 그렇게 힘들었는데 금세 6킬로미터를 달렸다. 남은 거리는 19킬로미터. 자신감이 생겼다. 10킬로미터까지 줄여 보자는 생각이 들었다.

이 글은 전형적인 세컨드 윈드 현상을 보여준다. 더는 못할 것 같고 중단하고 싶은 순간이 왔을 때 포기하지 않고 지속하면 어느 순간 처음보다 훨씬 큰 에너지가 솟아난다. "박카스에 우루사 10개를 털어 넣고, 산삼 한 뿌리를 잘근잘근 씹어서 나온 것 같은 힘"이다. 필자 김대홍은 세컨드 윈드가 오기 전에는 1킬로미터도 가기 힘들었는데 세컨드 윈드가 온 이후 금세 6킬로미터를 달렸고 다시 자신감을 얻어 남은 거리를 더 줄여 보겠다는 의지도 솟아났다.

세컨드 윈드는 신체 운동뿐만 아니라 정신 활동인 공부나 미술을 할 때에도 나타난다. 더 이상은 못 할 것 같은 '사점'이 왔을 때 포기하지 않고 계속하면 전에 없던 능력과 힘이 갑자기 나타나면서 참 기쁨을 맛보게 된다.

수학 문제를 대충 풀어 보다가 어렵다 싶을 때마다 답을 보고 풀면 이 세컨드 윈드를 느낄 기회가 없다. 어떤 수학자는 잘 풀리지 않는 문제에 매달려 몇 달을 끙끙거리다 어느 날 샤워 중에 문득 실마리를 떠올리기도 했다. 이런 유레카의 경험을 맛보면 수학이 그렇게 재미있을 수가 없다고 한다.

미술도 그렇다. 그림을 설렁설렁 그리다 힘들 새 없이 마치는 미술 시간은 미술의 참 재미를 느끼기에 부족하다. 그래서 나는 우리나라의 이른바 '놀이 미술'에 반대한다. 물론 진짜 '놀이' 미술은 괜찮다. 진짜 놀이란 아이들이 자기들끼리 놀다가 무언가 자발적으로 놀이 거리를 발견하고 규칙을 만들어 내서 노는 놀이다. 주로 과거 골목이나 놀이터에서 볼 수 있었던 이런 진짜 놀이는 아이들을 성장과 성숙으로 이끈다. 그러나 어른들이 준비하고 제시하는 놀이 미술은 이런 실제 놀이와 거리가 멀다.

물감을 뿌리고 밀가루를 던지는 액션은 일상생활에서 금지된 방식이다. 그것이 아이들에게 금지를 넘어서는 해방감과 찰나의 즐거움을 줄지는 모르나, 미술의 진짜 즐거움은 세컨드 윈드를 경험하는 데에 있다.

아이들과 실제로 미술을 해 보면, 아이들은 자극적인 재료와 익살스런 진행으로 지루할 새 없이 펼쳐지는 과한 액션 수업에 참여할 때보다 의외로 담백한 기법과 표현 자체에 조용히 몰입할 때 더 큰 즐거움을 느낀다. 그리고 아이들은 자기 한계에 도달했더라도 포기하지 않고 작업을 이어나가 자기가 평소에 할 수 없었던 수준의 작업을 삐질삐질 땀 흘리며 해냈을 때 비로소 얼굴에 충만한 기쁨의 미소가 번진다.

종종 나는 세컨드 윈드를 아이들과 함께 산 정상에 오르는 이미지로 설명하곤 한다. 당신이 아이가 산 정상에 오르게 도와주는 교사(또는 부모)라면, 아이가 산을 오르도록 어떻게 도와줄 것인가? 물론 아이를 억지로 끌고 오르거나 등에 업고 오르는 것은 바람직하지 않다. 좋은 교사는 아이와 '함께' 산을 오른다. 함께 오르다 혹시 위험한 순간이 닥치면 아이를 지켜 주기도 하고, 같이 노래 부르면서 아이가 스스로 산을 오르도록 격려해야 한다. 그런데 아이가 스스로 산을 잘 오르다가 큰 바위를 만나 혼자서는 그것을 넘을 수 없다고 하면, 바로 이 지점이 '사점'이다.

미술 시간에 아이들이 만나는 '사점'은 다양하다. 팔이 아파서 색칠을 더 이상 못 한다든지, 집 하나 그리고 나니 더 이상 뭘 그려야 할지 생각나지 않는다든지, 꿈에 본 공룡을 대부분 멋지게 그렸는데 공룡 발만 못 그리고 남긴 상황에서 도저히 더 그려 내지 못한다든지

하는 상황이 닥칠 수 있다.

내가 이십대에 아이들을 가르칠 때는 아이들이 이런 바위를 만나면 얼른 다른 활동으로 전환해 주었다. 왜냐하면 그 당시 나의 어린 생각에는 아이들이 미술을 힘들어하면 안 될 것 같았기 때문이다. 그러면 아이들이 미술에 흥미를 잃을 것이라고 생각했다. 그래서 아이들이 힘들다고 하면 '그래, 오늘 너무너무 열심히 했으니 이제 그만하자'라든지, '우리 그럼, 색종이 접기를 할까?'라든지, 아이들이 지금 당면한 힘든 상황과는 다른 활동으로 얼른 전환해 주었다.

그런데 이러면 다음 날 다시 산을 오르는 아이가 여전히 그 바위를 혼자서는 넘을 수 없다. 풀기 어려운 수학 문제를 만날 때마다 답안지를 들여다보면 수학 실력이 늘지 않는 것과 마찬가지다. 지금도 많은 미술 선생님들이 이렇게 하고 있을 것이다. 사교육 현장에서 아이들의 눈치를 보지 않을 수 있는 선생님은 거의 없다. 행여나 아이들이 '재미없어요', '힘들어요'라고 투정하면 바로 엄마들은 교습을 중단하기 때문이다. 어지간한 교육적 소신과 자신감 없이는 아이들이 사점에서 멈추지 않고 계속 나아가게 밀어붙이기가 거의 불가능하다.

다시 바위 이야기로 돌아가 보자. 아이가 스스로의 힘으로 산을 잘 오른다. 당신은 아이와 함께 산을 오르며 격려해 준다. 그러다 아이가 바위를 만난다. 아이는 혼자 힘으로 바위를 넘을 수 없다. 이때 교사나 부모는 아이가 바위를 넘을 수 있도록 약간의 도움을 주어야 한다. 물론 말로 격려만 해도 혼자서 바위를 넘는 경우도 있지만, 그렇지 않은 경우에는 앞 장에서 언급한 '세 번째 손' 개념을 적용할 수 있다. 교사나 부모는 아이의 두뇌가 아니라 세 번째 손이 되어 주면 된다. 아이의 손을 잡고 바위를 넘게 해 주는 것이다. 바위만 넘으면 아이는 혼자서 더 나아갈 수 있다.

색칠을 하다가 힘들어서 더 이상 못 하겠다는 아이에게는 어떻게 하면 될까? 때에 따라서는 선생님이 아이 대신 색칠해 주어도 된다. 단, 어디에 어떤 색을 칠할 것인가는 아이가 선생님에게 일일이 알려 주어야 한다.

거대한 공공 벽화 같은 것은 화가가 직접 고공 그네줄에 매달려 칠하지 않는다. 화가는 전체 기획을 하고 어떤 색을 어디에 칠할지 선택한다. 실제 페인트칠은 인부들이 한다. 그래도 그 작품은 화가의 작품이다. '누구의 아이디어인가?' 또는 '누구의 지시로 만들어졌나?'가 작품의 작가가 누구인지를 결정한다.

그러니 아이의 작품도 아이가 스스로 색을 선택하여 어디에 무슨 색을 칠하라고 일일이 정해 준다면 선생님이 일부 색을 대신 칠해 주어도 크게 상관이 없다. 만약 아이가 지난밤 꿈에서 본 공룡을 신이 나서 그리다가 공룡 발은 도저히 못 그리겠다고 한다면? 참고할 만한 사진이나 그림을 보여 주어도 된다. 사진을 보고도 못 그리겠다고 하면 다른 종이에 선생님이 그려 주어 아이가 참고하게 해도 된다. 아이는 선생님의 그림을 보고 그대로 그릴지 변형해서 그릴지 선택할 수 있다. 심지어 직접 그림에 손을 대 연필로 연하게 그려 주어도 된다. 물론 아이가 허락한다면! 왜냐하면 아이는 선생님이 연하게 그린 그림을 참고해서 그것보다 더 크게 그릴 수도 있고 선생님이 그린 공룡 발보다 발가락이 하나 더 많게 그릴 수도 있기 때문이다.

'사점'에서 선생님이나 부모가 '세 번째 손' 개념을 잊지 않는다면 이런 도움을 적극적으로 주어도 상관없다. 나무와 집 그림의 색칠을 선생님이 도와주면 소위 '바탕칠'은 아이가 다시 직접 한다. 선생님의 도움을 받더라도 공룡 스케치를 다 완성한 아이는 이제 채색을 혼자서 신나게 할 수 있다. 바위만 넘어서게 도와주면 아이는 다시 자기 힘으로 씩씩하게 갈 수 있다.

그렇게 바위를 넘어서 조금 더 산을 오르다가 하산하고 나면, 다음 날 아이는 다시 산을 오르다가 혼자서 바위를 넘을 수 있게 된다. 그러다 두 번째 바위에서 다시 '사점'을 만나게 될 것이다. 아이가 두 번째 바위도 혼자서 넘을 수 없다면 다시 선생님이나 부모가 손을 잡고 바위를 넘게 해 주면 된다. 그러면 다음번에 다시 산을 오를 때는 아이 혼자서 두 번째 바위도 넘을 수 있게 된다.

아이는 이렇게 성장한다. 공부를 할 때나 미술을 할 때나 운동을 할 때도 '사점'을 넘어서는 경험이 없으면 성장도 없다. 아이가 성장하려면 반드시 자신의 한계에 부딪혀 넘어서는 경험이 있어야 한다.

세컨드 윈드는 앞에서 언급한 몰입 경험과도 연결된다. 과제의 난이도가 너무 높아서 몰입이 되지 않을 때 누군가의 도움으로 혹은 스스로의 힘으로 난이도를 낮춰 다시 몰입의 경험에 빠져들 때 세컨드 윈드가 일어난다.

배가 몹시 고플 때 밥을 먹으면 훨씬 더 맛있고, 너무너무 졸릴 때 잠을 자면 꿀잠을 자는 것처럼, 한계 경험으로 인해 몰입이 정체될 때를 지나 다시 몰입에 들어가는 순간에는 기적처럼 경이로운 기쁨을 맛볼 수 있다. 그리고 세컨드 윈드를 지속적으로 경험하게 되면 그 활동의 참맛을 알게 된다. 그래서 공부도 코피 날 때까지 해 본 사람만이 그 재미를 알고, 축구도 심장이 터질 듯 뛰어 본 사람만이 그 즐거움을 안다. 엄마가 이제 그만 자라고 하면서 말려도 이불 속에서 몰래 공부하는 자녀를 두고 싶으면 이 세컨드 윈드 현상에 주목해야 한다.

33장

비춰 주고, 설명하고, 선택하게 하라

심리미술 황금률의 실행 방법

웜앤펌한 태도로 몰입과 세컨드 윈드를 이끌어내는 심리미술 황금률은 아이들을 치유와 성장의 길로 안내한다. 웜앤펌한 태도를 지닌 선생님과 함께하면 아이들은 부족한 사랑을 채우는 한편, 사랑이 지나쳐서 잘못 형성된 행동은 바로잡게 된다.

이 황금률을 세우고 오랫동안 선생님들을 교육하면서 나는 항상 이 황금률을 '어떻게 하면 누구나 더 쉽고 정확하게 실행하도록 할 수 있을까'를 고민했다. 아트앤하트를 시작할 때부터, 대도시의 부유한 소수의 아이들만 받을 수 있는 교육이 아니라, 서울 강남부터 강원도 산골까지 모든 아이들이 누릴 수 있는 가장 좋은 미술 교육을 지향했다. 또한 오랫동안 공부한 전문가가 아니라 대학을 갓 졸업한 젊은 미술 선생님도 쉽게 배워서 할 수 있는, 그러면서도 효과가 뛰어난 교수 방법을 개발하고자 했다. 그래서 심리미술 황금률을 더 구체화하고 쉽게 만들기 위해 황금률 실행 방법을 확립하는 연구에 들어갔고, 마침내 다음과 같은 결론을 이끌어냈다.

심리미술 황금률은 미러링(mirroring), 와이(why), 그리고 초이스(choice)를 하면 실현된다!

기본 원칙	황금률	설명	실행 방법
잡초를 뽑지 말고 꽃을 심어라	웜앤펌 (warm & firm)	마음은 받아 주고 행동은 바로잡아준다.	미러링(mirroring)
	몰입	난이도가 너무 높거나 낮지 않게 조절해 준다.	와이(why)
	세컨드 윈드 (second wind)	한계를 넘어설 수 있도록 아이의 세 번째 손이 되어 도와준다.	초이스(choice)

미러링(mirroring)

'웜앤펌'에서 언급했지만 요약해서 다시 설명하면, 미러링은 평가하지 않고 거울처럼 그대로 비추어 주는 것을 말한다. 거울에 비친 자기 모습을 보고 얼굴이 깨끗한지 지저분한지 판단하는 것은 자기 자신이지 거울이 아니다. 미러링은 판단과 평가를 자제하고 아이들을 있는 그대로 거울처럼 비추어 주고 인정하는 것이다.

미러링에는 우선 감정이나 기분에 대한 비춰 주기가 있다. 예를 들어 유진이가 숙제하기 힘들다고 하면 "그렇게 얼마 안 되는 숙제가 뭐가 힘드냐?"고 하지 않고 "유진이가 숙제가 많아서 힘들구나"라고 말하는 것이다. 물을 쏟아서 울고 있는 아이에게 "괜찮아, 엄마가 닦아줄게"라고 하지 않고 "아이고, 놀랐겠구나!"라고 하는 것이다. 아이는 지금 괜찮은 기분이 아니기 때문이다. 아이는 괜찮지 않은데 엄마가 괜찮다고 아이의 감정을 서둘러 부인하고 무시해서는 안 된다.

아이의 감정에 어른들이 판단한 대로 반응하면 아이는 자신의 감정이 잘못되었거나 거부당했다고 느낀다. 반면 그 감정을 미러링하는 것은 아이의 현재 감정 상태를 그대로 수용하며 존재를 인정해 주는 방식이다. 심리미술의 첫 번째 황금률인 윔앤펌을 달리 말하면 '마음은 받아 주고 행동은 바로잡아 준다'인데, 마음을 받아 주는 좋은 방법이 바로 감정에 대한 미러링이다.

행동을 미러링할 수도 있다. 특히 행동에 대한 미러링은 아이의 바람직하지 않은 행동을 바람직한 행동으로 변화시키는 효과가 있다. 행동을 변화시키는 미러링은 심리미술 황금률의 기본 원칙인 '잡초를 뽑지 말고 꽃을 심어라!'와 황금률 '윔앤펌'을 설명한 앞 장들에 자세히 나와 있다.

감정과 행동뿐만 아니라 미술 작업도 미러링할 수 있다. 만약 아이가 그림을 크게 그리면 "와, 윤수야, 오늘은 그림을 크게 그렸구나"
라고 하면 된다. 그러고 나서 "참 잘했어"라고 말하면 미러링이 아니
다. 판단과 평가가 이어졌기 때문이다. 그림을 꼭 크게 그려야 하는
것도 아니다. 아주 작게 그려서 감동을 주는 작가도 있다. 그런데 대
부분의 선생님이나 부모는 아이가 그림을 크게 그리면 '참 잘했어'
라고 칭찬한다. 그러면 아이는 그림을 크게 그려야만 되는 줄 안다.
만약 그림을 크게 그리지 못하면 자신에게 실망하고 그림에 흥미를
잃는다.

색을 칠할 때도 마찬가지다. 대부분의 선생님이나 부모는 색칠을
꼼꼼하고 예쁘게 하기를 원한다. 그런데 미술이라는 것은 정해진 답
이 없다. 황폐한 마음과 거친 내면을 표현하고 싶을 때는 예쁜 색으
로 꼼꼼하게 칠하기보다 거칠게 채색하는 것이 더 나을 수 있다. 그
런데 아이에게 "색칠을 참 예쁘게 했구나. 잘했어"라고 하거나 "꼼꼼
하게 색칠했어요. 선생님이 칭찬해 줄게요"라고 하면 아이들은 은연
중에 그림은 색을 예쁘고 꼼꼼하게 칠하는 것이 정답이라고 잘못 받
아들이게 된다.

그리하여 남의 눈을 의식하는 그림을 그리게 되고 미술이 주는
자유로움과 무한한 상상력을 누리며 자기다움을 표현하지 못한다.
선생님과 부모의 칭찬에 갇히게 된다. 그냥 "예은아, 오늘은 색을 꼼
꼼하게 칠했구나"라고 미러링만 하면 된다. 그 뒤에 잘했다, 착하다,
멋지다 같은 '칭찬을 가장한 평가'를 할 필요가 없다. 미러링을 해야

진짜 미술 수업이 된다. 평가에서 벗어나 미러링된 아이는 마음이 자유로워져서 자신을 제대로 표현하기 때문이다.

물론 때로는 잘했다, 멋있다라는 말을 하게 되는 순간도 있다. 절대로 하면 안 되는 것은 아니다. 그러나 칭찬과 평가의 폐해를 모르고 마구 남발하면 아이들이 어떻게 서서히 칭찬에 중독되는지는 알고 있어야 한다. 미러링은 안전한 인정 방법이고 상대방의 존재를 있는 그대로 사랑하는 마음을 표현하는 방법이다.

심리미술의 두 번째 황금률인 '몰입'에도 미러링이 적용된다. 몰입은 난이도가 너무 높거나 낮을 때는 일어나지 않는다. 아이가 몰입이 되지 않을 때는 과제의 난이도를 조절해서 몰입을 도울 수 있다. 이때도 역시 첫 단계는 미러링이다. 수업 중에 아이를 잘 관찰하다가 아이가 몰입하지 못하고 있는 것 같으면 왜 몰입이 안 되는지 분석해서 우선 미러링해 준다. "지은아, 너한테는 이 종이컵을 그리는 게 너무 쉬운 것 같구나." 미러링을 한 다음에는 난이도를 조절하는 단계로 넘어간다.

세컨드 윈드를 이끌어낼 때도 역시 첫 단계는 미러링이다. 한계점인 '사점'에 도달했을 때 아이는 혼자서 그것을 넘어가기가 쉽지 않다. 이때 선생님이 아이를 지지하고 격려하는 첫 번째 방식이 미러링이다. 한계점에 도달해서 힘들어하는 아이는 먼저 공감을 받아야 힘이 나기 때문이다. "이 부분이 잘 그려지지 않아서 참 힘들겠구나."

와이(why)

와이는 이유를 설명하거나 목적을 공유하는 것을 말한다. 어른들은 흔히 아이들에게 이유를 잘 설명해 주지 않고 자기가 의도하는 바대로 아이들을 유도하는 경우가 많다. 내가 미술 치료실에서 만난 엄마들 중에는 아이에게 그냥 '미술 학원에 미술 배우러 간다'고 말하고 치료실에 데려오는 경우가 제법 있었다. 아이가 스스로 자기에게 문제가 있다고 생각하거나 치료를 받아야 한다고 생각하는 것이 싫어서 그랬을 것이다. 하지만 비록 예닐곱 살짜리 아이라 할지라도 아이와 치료 목적을 공유할 필요가 있다.

심리미술 황금률 중 첫 번째인 원앤펌에 와이는 다음과 같이 적용된다. 먼저 미러링으로 마음을 받아주고 행동을 바로잡아 줄 때 와이를 이용해야 한다. 이유를 충분히 설명하지 않고 바로 행동을 바로잡아 주려고 하면 효과가 떨어지기 때문이다. 특히 남자아이의 경우가 그러하다. 여자아이는 관계 중심적 성향이 있어서 엄마나 선생님이 기분이 언짢은 것 같으면 이유를 몰라도 어쨌든 그 행동을 하지 않으려고 한다. 자신에게 중요한 사람의 기분을 나쁘게 하고 싶지 않기 때문이다. 그런데 남자아이는 대체로 그런 걸 별로 중요하게 여기지 않는다. 자신이 하고 싶은 것이 상대방의 기분보다 더 중요하다. 그래서 아들을 둔 엄마들은 종종 속이 터진다. 하지 말라고 하는데도 말을 안 들으니까. 이럴 때는 이유를 충분히 설명해 주어야 한다. 당연히 한 번의 설명으로는 충분하지 않다. 아이가 이해하고 행동을 바꿀 때까지 인내심을 갖고 화내지 말고 반복해서 설명해 주어야 한다.

아이를 몰입으로 이끄는 데에도 와이가 적용된다. 거듭 설명한 것처럼 아이가 몰입이 되지 않을 때에는 난이도를 점검해야 한다. 이럴 때는 우선 아이의 현재 상태에 대한 미러링을 하고 나서, 난이도를 조절해 다시 도전해 보는 것이 왜 좋은지 설명해 주어야 한다. "응, 이게 그리기가 좀 어렵구나. 그럼 저걸 그려보자." 이렇게 바로 넘어가는 것이 아니라 "응, 이게 그리기가 좀 어렵구나. 너는 다른 아이들보다 늦게 시작했기 때문에(와이) 당연히 좀 어려울 수 있어." 또는 "응, 이게 그리기가 좀 어렵구나. 그래도 일단 오늘 명암을 표현하는 법을 배우면 다음부터는 사물을 그릴 때 입체적으로 그릴 수 있는 능력이 생겨(와이)."

이처럼 현재의 문제가 생긴 이유나 지금 포기하지 않고 다음 단계로 나아가야 하는 이유를 알려준다. 이런 과정을 통해 아이는 존중받는다는 느낌을 가지게 된다.

세컨드 윈드를 일으키는 데에도 미러링 다음에 와이가 필요하다. 아이가 한계점에 도달할 경우 미러링하며 아이의 어려움에 공감하고, 이어 '세 번째 손'으로 아이를 도와 고비를 넘어갈 수 있게 해야 한다. 이때 아이와 목적을 공유해야 한계점을 함께 넘을 수 있다. 아이가 자기 능력의 한계에 다다른 시점에서, 그 상황에도 불구하고 왜 지금 포기하지 않고 더 나아가야 하는지 목적이 불분명하면 한계를 넘기 어렵게 마련이다.

"팔이 아파서 더 이상 색칠하기가 힘들구나(미러링). 오늘은 아주 많이 그려서 색칠할 것도 많았으니 힘들 거야. 그래도 여기서 포기하면 지금까지 한 게 너무 아까우니까(와이), 선생님이 조금 도와줄 테니 포기하지 말고 완성해 보자."

"맞아. 이 부분이 그리기가 힘들지(미러링). 선생님도 예전에 손을 그리기가 제일 힘들더라. 힘들더라도 오늘 손을 제대로 한번 그려 보면 다음에는 문제없을 거야(와이). 많이 힘들면 선생님이 좀 도와줄까? 선생님이 연필로 아주 연하게 그려봐 줄 수도 있어. 네가 보고 마음에 들면 비슷하게 참고해서 그려도 좋고, 더 크게 혹은 더 길게 그려도 돼. 그렇게 하면 선생님 그림은 참고만 한 거니까(와이) 여전히 너의 작품이야."

어떤 일을 함께할 때 상대방에게 나의 목적과 의도(와이)를 알려주고 공유하면 상대방이 나의 동지가 되지만, 이유를 알려주지 않고 목적을 공유하지 않으면 상대방은 나의 동지가 아니라 나의 목적을 위해 이용당하는 사람이 된다. 동지는 때로는 호랑이 굴에도 함께 들어갈 수 있지만, 나에게 이용당하는 사람은 나와 함께 가기 어렵다.

나는 심리 치료사로 일할 때건, 미술 선생님으로 일할 때건 비록 어린아이들이라도 존중하고자 했다. 내가 아이들을 존중하는 방식 중 하나가 이렇게 끝까지 나의 의도하는 바와 이유를 설명해 주는 것이다. '너는 어리니까 아무것도 모르고 나는 선생님이니까 너는 그

낭 내가 시키는 대로만 하면 돼.' 이런 태도가 아니라 입이 아파도 귀찮아도 하나하나 두 번, 세 번 알려주는 것이다. 그러면 아이들은 슬슬 나의 동지가 되어 간다. 함께 이룰 목적을 위해 서로 협조하고 돕고 때로는 양보한다.

초이스(choice)

이것 역시 미러링과 와이만큼이나 아이들에게 드라마틱한 변화를 이끌어내는 실행 방법이다. 초이스란 아이들에게 선택권을 주는 것인데, 웜앤펌, 몰입, 세컨드 윈드 모두에 적용할 수 있다.

먼저 웜앤펌을 보자. 웜앤펌이란 마음은 받아 주고 행동은 바로잡아 주는 것인데, 먼저 마음은 미러링으로 받아 준다. 그리고 행동을 바로잡아 줄 때 와이를 알려주어야 한다. 그런 다음 '그러니까 이렇게 하지 말고 저렇게 해'라고 선생님이나 엄마가 가르쳐 주는 것이 아니라 '그러니까 어떻게 하면 좋을까?'라고 하는 것이 초이스이다.

미술 수업 중에 과자를 가지고 와서 먹으려는 아이들이 있다. 미술 작업을 하면서 과자를 먹으면 꼭 나쁜가? 미대 실기실에서는 과자를 먹으면서 작업하는 일이 비일비재한데? 작가들도 배가 고프면 빵 조각이라도 먹으며 작업을 계속하는데 아이들은 왜 작업을 할 때 과자를 먹으면 안 되나?

아이들은 절대 해서는 안 되는 것 외에는 야단맞을 일이 거의 없다. 절대 안 되는 것이야 뻔하다. 남을 때리거나, 욕하거나, 뺏거나, 남의 물건을 부수거나, 남의 작품 망치거나, 놀리고 괴롭히거나 하는 것들이다. 즉 남에게 해를 끼치는 행동들이다. 물론 자신에게 위해를 가해서도 안 된다. 자해나 위험한 장난 같은 행동은 절대 해서는 안 된다. 그 외의 행동들은 아이들과 대화를 나누며 해결하면 되지 혼낼 필요는 없다. 그래서 나는 늘 윔앤펌을 강조한다.

"철수가 과자를 지금 먹고 싶은가 보구나(미러링)."

"그런데 다른 아이들도 네가 먹는 과자를 먹고 싶다고 이렇게 아우성이라 지금 수업 진행이 안 돼서 말이야(와이)."

"어떻게 하면 좋을까? 선생님한테 맡겨 놨다가 수업 끝나고 먹을까? 아님 친구들한테 조금씩 나눠 줘서 다 같이 후딱 먹고 작업을 계속할까(초이스)?"

초이스에는 대단한 힘이 있다. 초이스를 주지 않고 어른이 생각한 답을 아이에게 가르치며 거기에 따르라고 하면 아이는 선뜻 수긍하기도 어렵고 제대로 이행하기도 어렵다. 남이 만들어 놓은 규칙을 강요당하기 때문이다. 그런데 아이한테 초이스를 하라고 하면 아이가 규칙을 만드는 셈이 된다. 자기가 선택하는 것이므로 불평은 줄어들고 규칙을 더 잘 지키게 된다.

'몰입'을 위해 난이도를 조절할 때도 초이스를 이용할 수 있다. 난이도를 조절할 때 아이에게 선택권을 주는 것이다. 아이가 가위를 그리는데 난이도가 너무 높으면 몰입을 잘하지 못한다. 이때 난이도를 조절해 주는 선생님이 "이게 그리기가 더 쉬울 거야. 이걸로 바꿔서 그려 봐"라고 하면 초이스가 아니다. 대신 이렇게 말해야 한다.

"가위 그리기가 좀 어렵구나(미러링). 그래, 이 가위는 복잡하게 생겨서 그리기가 어려울 수 있어(와이). 이것보다 좀 더 쉬운 걸로 바꿔 보는 건 어때? 어떤 걸 그리면 좀 더 쉬울까(초이스)?"

초이스를 이끌어내는 질문은 주관식으로 해도 되고 객관식으로 해도 된다. 아이의 인지 능력이 높을수록 주관식으로 질문해도 무방하지만, 아이가 어리거나 인지 능력이 낮을 때에는 객관식으로 질문한다. 두 가지나 세 가지 정도의 선택지를 주면 된다. 여기서 아이에게 제시하는 초이스는 물론 허용할 수 있는 범위 내에 드는 것이어야 한다. 위의 예시에서 아이가 가위보다 쉬운 것으로, 예를 들면 연필이나 노트를 가져오면 상관없지만 가위보다 훨씬 복잡한 물건을 가져오면 아이와 다시 대화해야 한다.

"응, 너는 이걸 그리고 싶구나(미러링). 그런데 이건 가위보다 더 어려워 보이는데(와이) 괜찮을까? 좀 더 쉬운 다른 것으로 바꿔 보면 어때? 여기 연필도 괜찮을 것 같고, 자도 가위보다 쉬울 것 같은데."

세컨드 윈드를 이끌어낼 때도 마찬가지다. 아이가 한계점을 넘어 세컨드 윈드로 가기 위해서는 선생님의 실제적인 지지가 필요한데, 이때 선생님은 '세 번째 손'으로서 어떻게 도와줄지 결정하기 위한 초이스를 아이에게 제시해야 한다. "선생님이 이렇게 도와줄게"가 아니라 "선생님이 어떻게 도와줄까?"라고 묻는 것이다.

선택에 대한 많은 심리학 실험들이 있다. 실험 결과에 따르면, 어른이나 아이나 할 것 없이 사람들은 자신이 선택한 일을 할 때 더 많이 참고 더 많이 노력하고 더 많이 좌절을 이겨낸다. 자신이 선택한 일이므로 실패하더라도 불평하지 않는다.

아이들이 말을 안 듣거나 스스로 무엇을 하지 않는다고 힘들어하는 교사나 부모가 있으면 본인이 아이들에게 과연 지속적으로 초이스를 제시했는지를 점검해 봐야 한다. 대체로 요즘 부모들은 아이들에게 선택권을 주지 않는다. 선택권을 주지 않는 것은 아이들에게 실패할 기회를 주지 않는 것이다. 나아가 아이들이 스스로 성공할 기회조차 빼앗는 것이다.

아이들은 칭찬이 아니라 성공 경험을 통해 자신감이 자란다. 부모가 아이를 키울 때 매사에 간섭하거나, 과잉 보호하거나, 이것도 안 되고 저것도 안 된다고 하면 결국 아이는 자신감 없는 존재로 자란다. 우리나라의 어떤 부모도 자식 문제에 있어 큰소리치기 어려울 것이다. 나도 예외는 아니다. 그래도 남들 앞에서 한 가지 얘기해 보라면, 나는 아들 둘을 키우면서 초등학교부터 대학 입학 때까지 아침에 아이들을 깨우며 등교 전쟁 같은 걸 한 적이 없다. 아이들이 아침에 스스로 일어나 씻고 밥 차려 먹고 학교에 간다. 공부도 잘하든 못하든 자기가 알아서 시험 준비를 하고 숙제도 한다. 큰애는 고3 때 과외나 학원 수강 없이 혼자 수능을 준비해서 대학에 갔다.

남들이 애들을 어떻게 그렇게 쉽게 키우냐며 비결이 뭐냐고 묻지만 그런 건 없다. 그냥 늘 아이들에게 선택권을 준다. 인생을 좌지우지할 만한 진짜 중요한 결정이 아니라면(아이들한테 그런 일은 별로 없다) 아이들이 선택하게 놔둔다. 그 선택이 잘못되어 실패했을 때에도 잘했다 못했다 하지 않고 그냥 말없이 삼겹살이나 구워 준다. 실패하면 당사자인 자기가 제일 속상하지, 뭐 엄마인 내가 거기에다 보태서 혀를 끌끌 차거나 비아냥거리면 되겠는가.

최근에 중학생인 작은애가 인터넷으로 주문한 후드티가 배송됐는데 옷이 잘못 왔다. 후드티가 아니라 맨투맨이 온 것이다. 나는 "어, 그러네. 진짜 옷이 잘못 왔네(미러링)." 그러고 말했다. 자기가 알아서 인터넷에서 반품 절차를 열심히 뒤져 안내문을 따라 옷을 바꾸게 두었다. 실패를 통해 배울 것이므로 나는 오히려 아이가 겪는 그런 실패 경험이 반갑다.

미술 수업 시간에도 초이스를 이용해야 진짜 미술 수업이 된다. 지금도 많은 선생님들은 본인이 오랫동안 겪어 온 아동 미술과 기존 입시 미술의 추억과 관습에 젖어 있다. 그렇기 때문에 본인이 알고 있는 '정답'만 아이들에게 가르쳐 주고 초이스는 제시하지 않는다. 기존 방식을 고수하는 그들은 주로 이런 식이다.

아이 (만들기를 하는데, 종이컵과 빨대를 붙여 보려고 하지만 딱풀로 붙이니까 자꾸 떨어져서 울상이다.)

선생님 그건 풀로 안 붙어. 그럴 때는 이 테이프로 붙이면 돼. 이걸로

종이컵에 빨대 붙이기

한번 해 봐.

선생님은 종이컵과 빨대가 딱풀로는 붙지 않는다는 '지식'을 알고 있고 그 '지식'을 아이에게 '가르쳐' 준다. '지식을 가르쳐 주는 것'은 오랜 세월 동안 '선생님'이라는 직업을 가진 사람들이 마땅히 해야 하는 일이었다. 나는 아이들에게 '지식을 가르쳐' 주지 말고 '스스로 새로운 지식을 탐구하는 태도를 길러' 주어야 한다고 생각한다. 새로운 지식을 탐구하고 찾아내는 것은 창의력과 밀접한 관련이 있으며, 이것이야말로 급변하는 현재와 미래에 대응하는 유일한 방법이라고 생각한다. 그래서 나는 위와 같은 상황에서 이렇게 해야 옳다고 본다.

아이 (만들기를 하는데, 종이컵과 빨대를 붙여 보려고 하지만 딱풀로 붙이니까 자꾸 떨어져서 울상이다.)

선생님 종이컵에 빨대를 붙이고 싶구나(미러링). 그런데 딱풀로는 잘 안 붙네(미러링). 그럼 이걸 붙일 수 있는 다른 게 없을까? 뭘로 붙여 보면 좋을까(초이스)?

선생님이 질문하면 아이는 생각하기 시작한다. 고심 끝에 아이는 박스 테이프나 양면 테이프를 선택할 수도 있고 글루건을 선택할 수도 있다. 어떤 선택이든 상관없다. 일단 해 보는 거다. 그래도 실패하면 다른 방법을 선택하면 된다. 이렇게 초이스가 계속 반복되면 아이는 미술 수업에 자기 주도성과 흥미를 가지게 된다. 성공 경험을 통해 자신감이 자라는 것은 물론이다.

미술 시간이 아이들의 발달에 중요한 이유는 수많은 초이스를 경험할 수 있는 상황이 연속되기 때문이다. 주제를 선택하고, 재료를 고르고, 어떻게 배치할지 판단하고, 어떤 색을 칠할지 결정하면서 끊임없이 초이스를 경험하게 된다. 그리고 나서 마지막에 자기 작품의 제목을 짓는 것까지. 미술 시간은 전체가 초이스의 연속이다.

그래서 지금까지 이야기한 기본 원칙과 황금률과 실행 방법이 적용된 미술 수업을 오랫동안 들은 아이들은 자기 주도성이 뛰어나다. 자기가 알아서 척척 표현 방식과 작업 스타일을 결정하고 작가처럼 작업한다. 이런 '태도'는 시간이 지남에 따라 미술 학원 수업 시간뿐만 아니라 학교와 집에서도 그대로 확장되어 나타난다.

나는 미술 학원이 미술 잘하는 법을 '배우는' 곳이 아니라 올바른 삶의 태도(내면적 동기)를 습관 들이는 곳이 돼야 한다고 생각한다. 일단 이러한 내면적 동기가 충만한 삶의 태도가 길러지면 아이들은 미술이든, 공부든, 취업이든 스스로 척척 해낼 수 있다. 우선 집에서 응용해 보라. 아이가 목이 마르다고 하면 엄마는 자신이 생각하기에 제일 좋은 음료를 아이에게 주지 말고 간단히 이렇게 물어 보면 된다.

"목마르다고(미러링)? 그럼, 뭐 마실래? 물도 있고 주스도 있어(초이스)."

아이가 공부할 문제집도 엄마가 고르지 말고 아이가 고르게 한다. 엄마가 미리 두세 종류의 문제집을 염두에 두고 아이에게 고르게 하면 된다. 아이가 서점에서 직접 자기가 고른 문제집으로 공부하는 게 엄마가 사다 준 문제집으로 공부하는 것보다 훨씬 내면적 동기를 높여 준다. 하루에 몇 쪽을 공부할지도 아이가 정하게 해야 한다.

"이번 여름방학에 이거 한 권 다 끝내려면 하루에 몇 쪽 정도 하면 될까? 네가 한번 계산해 봐. 주말에도 할 건지, 일요일은 뺄 건지 네가 정하고. (중략) 아, 그렇구나. 이모집에 놀러 가기로 했지, 참. 그럼 그 3일은 공부 안 하고 뺄지, 이모집에 가서도 할 건지 정해야겠네. 너는 어떻게 하고 싶어? 그 날짜들을 다 빼면 맘 편하게 노는 대신 평소에 더 많이 해야 하고, 주말이랑 이모집 가는 날을 다 포함하면 평소에 적게 해도 되니까, 어느 쪽이든 장단점이 있지. 네가 하고 싶은 건 어떤 방식이야?"

아침에 어떤 옷을 입고 등교할지, 숙제 먼저 하고 TV 볼지 TV 먼저 보고 숙제 할지, 단소를 플라스틱으로 된 걸 살지 대나무로 된 걸 살지, 사소한 것부터 아이에게 선택권을 주어야 한다. 의외로 아이들은 점점 잘 해내고, 시간이 갈수록 엄마도 더 편안해진다.

요컨대, 미러링, 와이, 초이스는 황금률인 '웜앤펌한 태도로 몰입과 세컨드 윈드를 이끌어낸다'를 실행하기 위한 구체적인 방법이다. 미러링, 와이, 초이스는 매번 세 가지를 한 세트로 해야 하는 것은 아니다. 때로는 미러링만, 때로는 와이만, 때로는 초이스만, 때로는 미러링과 초이스만, 때로는 와이와 초이스만 해도 된다.

　우리는 엄마가 되어 아이를 키우거나 선생님이 되어 아이들과 함께할 때 늘 방황하고 고민한다. 무엇이 답인지 몰라 서점에서 육아 서적 코너를 기웃거리기도 하고 인터넷에서 열심히 정보를 찾기도 한다. 그런데 나는 내가 지금까지 이야기한 것들만 잘 이용해도 올바르고 훌륭한 육아와 양육을 할 수 있다고 생각한다. 이런 자신감의 다른 한편에는 이 책의 독자인 엄마, 아빠, 선생님들에게 거는 기대가 높이 쌓여 있다. 이런 내용들을 공유함으로써, 여러분의 참여와 피드백을 통해 더 나은 교육 방식이 완성되기를 바란다. 또한 그런 방식을 통해 우리 아이들을 몸과 마음이 더 건강한 행복한 인재로 키워 더 나은 우리나라, 더 나은 세상을 만들어 갈 수 있기를 소망한다.

에필로그

미술로 키우는 행복한 인재

2035년 5월 5일

포털 사이트 메인에 큼지막하게 뉴스가 떴다. 대한민국 아이들의
행복 지수가 드디어 OECD 국가 꼴찌에서 벗어나 상위권에 들어섰다
고 한다. 청소년 자살률도 뚝 떨어졌다. 한 세대가 바뀌는 지난 30년 동
안 누가 어떻게 했기에 이런 기쁜 변화가 생겼을까. 전문가들은 머리
를 맞대고 그 원인을 분석하고 있다.

오늘도 퇴근 시간을 훌쩍 넘겼다. 고단한 오늘이 기쁨으로 충만
할 수 있는 것은 바로 이 꿈 한 자락 덕분이다. 미술로 '아이들이 행
복한 세상'을 만들겠다고 아트앤하트를 시작한 후 지난 10년간 성공
가도만 달린 것은 아니다. 지금도 여전히 미완성인 나임에도 불구하

고, 더는 미룰 수 없어 이 책을 내놓는다.

책을 다 쓰고 나서 다시 읽어 보니, 사실 이 한 줄이면 될 뻔했다.

"아이를 미술로 키워라. 행복한 인재가 될 것이다!"

엄마가 다른 아이들에게 한눈을 파는 사이 어느새 훌쩍 커 버린 사랑하는 아들 지훈이, 정훈이에게 고마움과 동시에 미안함을, 언제나 말없이 뒤에서 믿어 주는 남편과 양가 부모님들에게 존경을 보낸다. 특히 팔순이 넘은 연세에도, 퇴근 후 지쳐 있는 나로부터 설거지거리를 뺏는 우리 시어머님. 어머님의 20년 넘은 변함없는 며느리 사랑과 기도가 없었으면 이 책이 완성되지 못했을 것 같다.

갑자기 연락해서 책 원고를 불쑥 들이밀고 추천사를 부탁했는데도 기꺼이 추천사를 써 준 모든 분들에게도 감사하고, 3년에 걸친 긴 집필 기간에도 포기하지 않고 나를 격려하며 꼼꼼하게 책으로 잘 엮어 준, 내 오랜 벗 공존 출판사 권기호 대표에게도 고맙다는 말을 전하고 싶다.

마지막으로, 내 인생을 모두 바쳐도 전혀 아깝지 않은, 완벽하게 아름다운 세상의 모든 아이들과, '내' 꿈을 '우리' 꿈으로 만들어 준 사랑하는 아트앤하트 사람들에게 이 책을 바친다.